1 MONTH OF
FREE
READING

at

www.ForgottenBooks.com

By purchasing this book you are eligible for one month membership to ForgottenBooks.com, giving you unlimited access to our entire collection of over 1,000,000 titles via our web site and mobile apps.

To claim your free month visit:

www.forgottenbooks.com/free413537

ISBN 978-0-483-71518-9
PIBN 10413537

This book is a reproduction of an important historical work. Forgotten Books uses
state-of-the-art technology to digitally reconstruct the work, preserving the original format
whilst repairing imperfections present in the aged copy. In rare cases, an imperfection in
the original, such as a blemish or missing page, may be replicated in our edition. We do,
however, repair the vast majority of imperfections successfully; any imperfections that
remain are intentionally left to preserve the state of such historical works.

IMPRESIONES

POESÍAS

DE

JOSÉ CAMPO-ARANA

CON UN PRÓLOGO

DE DON CÁRLOS COELLO

MADRID

LIBRERÍA DE M. MURILLO

CALLE DE ALCALÁ, NÚM. 18

. 1876

AL EXCMO. SEÑOR

D. FRANCISCO ROMERO Y ROBLEDO

Debo á usted lo poco que soy y atenciones que con nada podré pagarle: por gratitud y por cariño, coloco su nombre al frente de este tomo de poesías.

José Campo-Arana.

Madrid 29 de Diciembre de 1875.

PRÓLOGO.

I.

L A aparicion de las poesías de Don José Campo-Arana, es una de tantas respuestas victoriosas como la realidad ofrece diariamente á los empeñados en la triste tarea de probar al público que atravesamos un período de paralizacion y esterilidad artística; privando al talento del entusiasmo y de la fé, únicos estímulos que para él dejan á nuestra desangrada patria los que más prosáica y ventajosamente la explotan.

No hay que negarlo; los mercaderes están aposentados en el templo del arte, y el público se hace su primer cómplice concediendo decidida proteccion á todo lo malo y escatimándola á todo lo bueno: lo que vive cuando todo conspira á su muerte, tendrá desgracia sin duda, pero no puede decirse con fundamento que carece de vitalidad.

El arte vive, y vive tan sólo de sí mismo en nuestra sociedad indiferente, aturdida, ávida siempre de sensaciones y embotada para los sentimientos. Nada puede el arte esperar de ella: ella, por el contrario, debe esperarlo todo de él. El arte regenerará á quien le abandona; el arte enseñará á pensar á quien los hechos no inspiran una reflexion; el arte enseñará á sentir á quien las desventuras que directamente no le tocan, arrancan tan pocas lágrimas.

El arte alienta y crece en España como una flor fragante entre pavorosas ruinas; y esto no es menester probarlo: basta con tomarse el sencillo trabajo de verlo.

Nuestros pintores, áun despues de muertos Rosales y Fortuny, hacen el primer papel en los talleres de Roma, en los mercados de París y Lóndres; y si consiguen sobreponerse á las exigencias de una moda estúpida, que tiende á empequeñecer el tamaño y el asunto de sus concepciones, los nombres de Velazquez y Murillo no serán los únicos que pronuncie la posteridad con cariñoso respeto.

La música, desde que Gaztambide, Barbieri y Monasterio echaron sobre sí la difícil tarea de descubrir á nuestro filarmónico pueblo tesoros para él ignorados, ensancha su esfera de accion en España. Marqués coloca sus inspiradas sinfonías, sin extrañeza de nadie, con aprobacion de todos, al lado de las de Mozart y Beethoven, y Arrieta y Caballero engrandecen poco á poco la zarzuela para que, en dia no lejano, la noble aspiracion de la ópera española se convierta en hermosa y firme realidad.

Aunque la escultura no hubiera producido en nuestra época otra cosa que la estátua, tan bien concebida como ejecutada, del torero moribundo, que tanto nos hizo admirar y sentir en la última exposicion, y los nombres de Ponzano, Suñol, los Vallmitjana y tantos otros no gozaran de reputacion europea, aquel atrevido intento, aquella estética innovacion, sería triunfo suficiente para la gioria de la más ingrata de las artes.

En cuanto á la literatura... La grandeza del cuadro impone y espanta, pero su hermosura atrae y hace irresistible el deseo de ensanchar el ánimo con el placer de su descripcion.

En el centro, en la cumbre del lienzo, se destaca una figura amable, sonriente, serena, que goza en vida de la estimacion y de la fama que la muerte concede á tan pocos: es un anciano en cuya mirada brillan juntamente el talento y la bondad con la misma fuerza, en cuya sien los laureles son tantos como las canas venerables: es el autor de *Los Amantes de Teruel* y de *La Ley de raza* y de las *Fábulas* y de *Los Cuentos:* es D. Juan Eugenio Hartzenbusch. La época literaria que le cuenta dentro de sí, que le mira como su patriarca y áun le ha contemplado recientemente lanzar destellos dulces y puros como los de un sol de primavera en su ocaso, no puede ser acusada de esterilidad: tiene que ser respetada, si no envidiada, de cuantas le sigan en la sucesion de los tiempos.

Al lado de D. Juan, y rodeándole con cariño, hay tántos, que nombrarlos á todos, áun teniéndolos presentes, es empresa mayor de lo que parece á primera vista. Ved allí á D. Antonio García Gutierrez, al ilustre veterano del teatro español, á quien los años parecen rejuvenecer el alma; que todavía dá, que todavía ha de dar muchas obras á la escena que honró con el *Trovador* y con *Juan Lorenzo* (drama superior al público que creyó juzgarlo y se condenó á sí mismo), para gloria suya y aliento y enseñanza de la juventud, que reza sus versos como las ancianas las oraciones de sus devocionarios. Ved más allá á Manuel Tamayo y Baus, que no contento con la reputacion que basta á todos los hombres, ha querido conquistar dos, y tomando el pseudónimo de Joaquin Estébanez, ha acometido y llevado á cima con *Un drama nuevo* la temeraria empresa de eclipsar al autor de *Virginia* y *La Locura de amor*. Junto á él y cogidos de sus manos, como un hermano afectuoso el uno, como un maestro y un padre el otro, están Manuel Cañete y D. Aureliano Fernandez-Guerra... Manuel Cañete, el poeta inspirado y elegante, el restaurador de nuestro primitivo teatro, el crítico á quien la fuerza, la violencia del amor á lo bello encarnado en su espíritu, le obliga hasta á ser cruel y despiadado con lo malo; Fernandez-Guerra, el sabio infatigable, el sabio poeta, á quien acusan de soñador en sus juicios los que no comprenden que, á veces, tiene que inventarse cosas que no sepa para estudiarlas, porque cuanto humanamente se puede saber está ya tan bien colocado en su cerebro como los libros en una biblioteca. Esforzad, esforzad la turbada vista y descubrireis más rostros conocidos y simpáticos. Rosell, el docto Rosell, cuya prosa sólo puede rivalizar con sus versos; Escosura, siempre elocuente en sus escritos, siempre chistoso en su conversacion, siempre benévolo con la juventud de que eternamente formará parte; Arteche, el severo, inimitable historiador de la *Guerra de la Independencia*, el narrador ameno de la vida de *Un soldado español de veinte siglos;* Valera, el naturalmente correcto autor de *Pepita Gimenez;* Campoamor, el que hasta nombre ha tenido

que inventar para su poesía, tan singular y ex-
traña como avasalladora del ánimo y de la aten-
cion; Oliván, el hablista rival de Cervantes y de
Moratin, el que posee en su pluma una varita
mágica que hace brotar poéticas flores sobre los
problemas económicos y sobre las leyes agríco-
las; Balart, el ingenioso crítico que vuelve so-
bre su olvidada pluma para terror de los poe-
tas chirles, para regocijo de los que arrancan un
elogio á su censura severa y sana; Canalejas, el
ameno preceptista; Selgas, el incansable rebus-
cador de retruécanos y paradojas, el terrible
censor de las modernas costumbres; Nuñez
de Arce, el viril cantor de las angustias de la
patria; Silvela, el fino y cáustico Velisla; Fron-
taura, el ingeniosísimo retratista del pueblo;
Luis Guerra, el biógrafo, el vengador del autor
insigne de *La verdad sospechosa;* Castro y Ser-
rano, el que fué á Suez sin moverse de Madrid,
el que escribió las *Cartas trascendentales,* y

La Capitana Coock y *Las Estanqueras*; Alarcon, el *Testigo de la guerra de África*, el viajero *De Madrid á Nápoles...* Mil más que convierten el grupo de los escritores que tienen ya basada en sólido cimiento su reputacion, en un inmenso océano de cabezas.

A su lado, y como huyendo avergonzados de la compañía de los demás, nos muestran la espalda los tránsfugas de la literatura; los que van á buscar en la política, más que el nombre que su natural disposicion les brindaba, un descrédito probable por el pronto, y, á la larga, el anatema ó el olvido.

No es insignificante el número de los que en otro extremo del cuadro se impone al cansancio de nuestros ojos con la viveza y animacion de sus figuras. Echegaray, el hombre de ciencia, el político, aparece en primer término al frente de la alborotada multitud de los Zapata, los Herranz, los Sanchez de Castro,

Gaspar, Calvo y Revilla, Barrera, Valcárcel, Bustillo, Balaciart, etc., etc., etc., trocando el compás por la pluma, y trasformándose de un golpe en el autor dramático más atrevido de su época.

Vedlos á todos, entusiastas soldados del arte, escalar las ásperas alturas que guian á la cumbre donde se asienta el templo de la Fama, enardecidos por la fé que rebosa en sus almas, por la hermosura de la conquista, y no ménos que por todo eso, por las voces del ilustrado y benévolo Navarrete, del ático Sanchez Perez, del tan discreto como bilioso Revilla, del juicioso y noble García Cadena, del entusiasta Alfonso, del concienzudo Cortázar.

¡Estéril el período literario que atravesamos! ¿Vale la pena tan peregrina acusacion de que nos ocupemos de ella un momento más?

II.

Hace algunos años, ofrecia la Plaza de Santa Ana un aspecto muy distinto del que ahora presenta; y, sin duda porque el que estas líneas escribe la contemplaba entónces con los aduladores ojos de la adolescencia, infinitamente más bello. Verdad es que la fachada del teatro Español no ostentaba los primores del revoque moderno, que confunde en sabrosísimo consorcio los edificios públicos y los platos de huevos moles adornados de clara batida, donde las Góngoras lucen la habilidad de sus manos para delicia de los fieles golosos; verdad es que aquella tierra inculta no se habia engalanado todavía con la improvisada exuberancia de la naturaleza municipal; pero no es ménos cierto que la Plaza de Santa Ana, sin sus tenduchos de madera en

que los gorriones morian tan rabiosos y deses-
perados como Werther, en que los grillos se en-
sayaban para cantar zarzuela, en que los titís y
las catatúas daban con sus asquerosas miradas y
con su coquetismo, abundantes pruebas de que
los vicios y flaquezas son lo que más une al
hombre con los animales; sin todo eso, repito,
la Plaza de Santa Ana será todo lo que se
quiera... menos la Plaza de Santa Ana. ¿Quién,
cuando muchacho, no se ha extasiado ante aque-
llos destartalados cajones? ¿Quién, por el mó-
dico precio de dos cuartos, no ha comprado, al
mismo tiempo que la pobre víctima, el cargo
de verdugo, ejercido con tanta inocencia como
resolucion? Yo sé de un niño (cuyo nombre
reservo para no ofender la modestia y resucitar
los remordimientos en quien ya es hoy un hom-
bre muy barbudo y que peina canas); yo sé de
un niño que, al cumplir los nueve años, repasó
la lista de sus *avicidios*, y, ménos sanguinario

que Tenorio, sintió profundo arrepentimiento y vivo deseo de enmendar de alguna manera sus crímenes, y ya que no pudo decir aquello de

> Si buena vida os quité,
> buena sepultura os dí...

porque los cadáveres se habian extraviado por el garguero del gato de su casa, pidió á su padre (no al padre del gato, al marido de su madre) dinero para comprar todos los billetes de la próxima extraccion de lotería; medio ingenioso que habia imaginado el infante para sacar el premio gordo, comprar con él todos los pájaros de la Plaza de Santa Ana, y en un dia y una hora darles libertad.

¡Dulce, encantadora edad de la infancia, en que lo feo es bonito, toda ambicion posible, y hasta los remordimientos se presentan con forma cómica!

En un ángulo de la plazuela, se alzaba por el

año de 1868, y debe alzarse todavía (el regente
de la imprenta no me dá tiempo para averi-
guarlo), una casa de tres pisos y un solo balcon
en cada uno, propiedad de una maestra de ni-
ñas, que tenia *amiga* en la calle de Belen, y que,
para cierto objeto que más adelante se dirá,
cayó en gracia (el cuarto, no la maestra,—esto
de escribir de prisa tiene muchos y graves in-
convenientes) á unos cuantos jóvenes, escrito-
res unos, que no escribian ; estudiantes otros,
que no estudiaban, y empleado alguno, que em-
pleaba el tiempo en no asistir á la oficina. Aquel
cuarto, tan reducido que bien hubiera podido
llamarse ochavo, constaba de un pasillo estre-
cho, que parecia ancho á fuerza de ser corto,
un gabinete donde bien podrian caber seis per-
sonas de pié, pero incómodamente, y un balcon
á la *plaza de los pájaros.*

Cuando los mancebos en cuestion se dirigie-
ron á su propietaria y le manifestaron el atre-

vido pensamiento de alquilarlo, la ilustrada y
nariguda maestra de niñas estuvo indecisa largo
tiempo: el que ellos tardaron en reunir, escu-
driñando y vaciando los bolsillos de todos,
la escasa cantidad á que montaba el mes ade-
lantado y el de fianza. Sin embargo, sus te-
mores, que entónces ni siquiera sospecharon
los inquilinos, eran injustos y probaban que
la maestra de niñas sabía más de lo estricta-
mente necesario para dar buena educacion á
unas cuantas señoritas. Aquella habitacion se
habia alquilado para trabajar; para, — hu-
yendo de lloros de niños y cánticos de criadas
en las respectivas casas de los mozalvetes, y de
la inspeccion más bien intencionada que rígida
de la familia,—dedicarse á lo que formaba todo
su encanto: emborronar cuartillas y hacer artí-
culos que se insertaban de balde en el *Cascabel* ó
en el *Museo Universal* (y resultaban caros),
componer versos indignos hasta de los perió-

dicos de modas, dramas destinados á ser rechazados por todas las empresas, y otras hazañas
por el estilo.

¡Cuán dichosa tarde, aquella en que sentados
en el suelo al rededor de una silla de Vitoria,
ante una humeante ponchera, se inauguró lo
que desde luego fué bautizado con el poético
nombre de *El Nido*, y se acordó por unanimidad la conveniencia de amueblarlo... si la próxima sesion habia de levantarse con pantalones
completos. Uno llevó las sillas al dia siguiente
(¡cuántas·noches debió soñar el sillero con que
se habia ido á Sevilla!); otro una máquina de
café; otro una coleccion de retratos de hombres
célebres; otro una pipa para fumar él y llenar
el cuarto de peste y de humo, asegurando que
así lo calentaba, y otro una estera de verano,
aprovechando la circunstancia de ser invierno,
—con lo cual lograron hacerse en Diciembre
la ilusion de estar en Agosto y llegar á Junio

con la estera tan rota, que con barrer un poco quedó hecho el desestero.

La vida de los habitantes del *nido* era tan dulce como la de todos los que esperan, como la de todos aquellos para quienes en el despacho del teatro de la ilusion no ha aparecido aún el fatídico letrero de «No hay billetes.» Casi todos eran republicanos, y no eran más, porque no habia más que ser; y el único decididamente afiliado en el partido conservador, pensaba con seriedad en la conveniencia de escribir un drama político-filosófico-social probando que los casamientos de Estado son una infamia intolerable, que un rey debe casarse por amor y dar su mano á una fregona de palacio, si ésta, con la bondad de sus prendas y la belleza de su palmito, ha logrado inclinar el ánimo de S. M. desde las ventanas de la régia cámara hasta los respiraderos de las régias cocinas.

Todos los habitantes del *nido* eran críticos
entónces (apenas habian escrito nada que valiese
algo todavía), y á habérles conocido las empre-
sas, les hubieran prohibido la entrada en sus
teatros las noches de estreno. Siempre recordaré
(eternamente impreso lo tendrá alguno de
aquellos jóvenes... en la mejilla izquierda) el
lance acontecido la noche que por primera vez
se representó cierta bufonada en el coliseo de
Jovellanos. Los carteles anunciaron el desafuero
contra el arte, y aquella alborotada juventud
se posesionó del centro de la galería baja, dis-
puesta á vengar las injurias que, no sin razon,
daban de antemano por inferidas á su ídolo.
El público sensato se mostraba descontento,
los *alabarderos* aplaudian más furiosamente á
medida que perdian la esperanza de vencer
en aquella jornada, y su jefe, harto ya de oir
los dicterios que contra la pieza proferia el
más procaz de los habitantes del *nido*, encaróse

con él, y díjole:—«¿Cuántos años tiene usted, caballerito?»—«Quince, para servir á usted,» contestó el interrogado con un aire que desmentia lo compuesto de las palabras.—«Y ¿no le gusta á usted esta obra?» tornó á preguntar el jefe de alabarderos.—«Nó, señor,» tornó á contestar aquél, y añadió acto contínuo:—«Y á usted ¿le agrada?»—«A mí me parece una obra muy aceptable,» repuso el imprudente amigo de la empresa. Nuestro jóven le miró de alto abajo, y exclamó:—«Pues compadre, está usted adelantado para la edad que tiene!» Frase que le valió un coro de carcajadas de todos los que le rodeaban, un tremendo bofeton del militar-paisano, y la probabilidad de pasar la noche en la prevencion con todos sus compañeros, que salieron bizarramente á su defensa.

Justo es decir que los que en ciertas ocasiones se mostraban implacables, eran cuando se estrenaba una obra de algun autor de merecido

crédito, los que con más placer le palmoteaban
y con más entusiasmo pedian su nombre.

Las ideas revolucionarias que los dominaban
en política, los avasallaban tambien en litera-
tura; y para ellos lo más exagerado era siempre
lo mejor.

De resultas de una discusion comparando el
romanticismo y el clasicismo, el busto de Mo-
lière salió desterrado del *nido*, y aún me parece
leer sobre sus paredes la quintilla escrita con
carbon un dia que se recordaron las burlonas
censuras de Moratin al autor de *La vida es
sueño*.

> Os indignais sin razon
> Contra ese ultraje tan ruin:
> ¿Puede, en ninguna ocasion,
> Amenguar un MORATIN
> La gloria de un CALDERON?

Los caractéres de los habitantes del *nido*, cor-
rian parejas, por lo distintos, con los muebles

de la salita. Todos, y esto era lo único en que
se parecian, eran aspirantes á escritor; á excep-
cion de dos, cuyas obras habian sido aplaudidas
por el público, y que sin tener en cuenta esa
circunstancia, se dignaban mirar como compa-
ñeros á los demás. Era el más viejo, y era y es
bien jóven aún, uno cuyo nombre es ya garan-
tía para el público que asiste á los estrenos de
sus obras, de que va á pasar una noche feliz:
tanta es la habilidad con que sabe disponer la
sencilla y natural trama de sus piezas: tanta y
tan fina es la sal con que sabe aderezarlas y ser-
virlas al público, su infatigable convidado. De
mediana estatura, delgado, nervioso, su cabeza
ocupaba casi una tercera parte de su cuerpo;
quebrado el color, rayando en bilioso, un me-
chon de alborotados cabellos negros adornaba
su despejada frente y entonaba la dureza de lí-
neas de aquella nariz aguileña, de aquellas ce-
jas desiguales que daban sombra á unos ojos en

que la impaciencia, la sutilidad y la astucia eran
tres amigas que contínuamente caminaban del
brazo. ¿No le conoces, lector? ¿No le has visto
salir á escena estas noches? Es Miguel Ramos
Carrion, el autor de *Un sarao y una soirée*, y de
La gallina ciega, y de *Esperanza*, y del *Cuarto
desalquilado*, y de *Los doce retratos*, y de *La
mamá política*, y de una obra que se represen-
tará en breve y acabará de consolidar su re-
putacion.

Miguel ¡quién lo diria conociendo sus obras!
era desgraciado: ya no lo es; ya su trabajo basta
para sostener las cortas necesidades, la existen-
cia preciosa de su madre, y el recuerdo del tiempo
malo sólo puede ser para mi amigo el fondo ne-
gro, que no es triste, puesto que hace destacar
la claridad del primer término. Miguel, lu-
chando con innumerables contrariedades de todo
género, escribia artículos, hacía versos para mil
objetos distintos, traducia en tres dias una pieza

ó una zarzuela que solia representarse con ajeno
nombre, y en vano pedia á los sucesos un mo-
mento de tranquilidad para hacer al fin algo
más digno de sus envidiables facultades. Sus
compañeros del *nido* se las reconocian á coro,
sostenian su fé vacilante, y hoy sienten tanta
felicidad por su suerte como orgullo por no ha-
berse equivocado en sus pronósticos.

No puedo dejar de hablar de Ramos sin
nombrar al que, unido constantemente á él, lo
completa como la postdata á la carta en que
falta algo. Me refiero á cierto estudiantillo de
taquigrafía, asturiano de profesion, de alma
de niño, de corazon de hombre, nacido para
tener un amigo, y á quien todos desean tener
por tal. Toribio Granda idolatra á Miguel
Ramos como la madre quiere á su hijo, y le
admira sinceramente y le gruñe sin cesar, y
sufre más que él, que es cuanto se puede decir,
la noche en que le estrenan alguna obra,—obra

que la noche del estreno es tan de Toribio como de Miguel;—que tiene tanta influencia sobre Ramos, que, á veces, hasta le hace trabajar.

Al *nido* pertenecia tambien otro pájaro que despues ha tomado vuelo por las regiones de la política, y sabe Dios hasta dónde llegará. Hasta donde quiera, porque, hoy como entónces, todos sus compañeros reconocen en él más talento que en ninguno y ménos discrecion para emplearlo y convertirlo en otra cosa que en un perro que muerde á su amo. Adolfo Malats era, al formarse el *nido*, cuando él no habia aún soltado el cascaron, un muchacho rubio, largo, paliducho y ojeroso. En su mirada lánguida se veia contínuamente prematuro cansancio: en su frente cubierta de pelo no se adivinaba la inteligencia, pero allí estaba, y esto es lo principal; en sus labios desdeñosamente plegados, una sonrisa fria helaba de pena á sus amigos, que le miraban harto del mundo sin conocerle, incrédulo sin creerlo él mismo, holgazan con terrible trabajo, murmurador sin interés y perdiendo lastimosamente el tiempo con la serenidad del que se las echa á correr con un chiquillo y le dice: —«Anda, llévame un cuarto de hora de delantera, que yo te alcanzaré ántes de cinco minutos.» Adolfo Malats, la memoria más feliz, el juicio más hábil para tropezar en una cosa con el defecto, la imaginacion más ingeniosa del mundo, uno de los hombres que tienen más talento para encerrar un tomo en una frase, para estarse una semana contando cuentos que nadie sabe, era el año de la fundacion del *nido* un hombre de mucho talento que no habia encontrado todavía el sentido comun. Hoy sus palabras y su conducta parecen anunciar á la vez el hallazgo. Adolfo Malats era el aficionado á todo (pero el aficionado inofensivo, el que *no ejerce*); nuestro consultor, el que con un elogio, rarísimo en su boca, nos hacía felices. Hombre

de condiciones buenas y malas más diversa-
mente mezcladas, dudo que haya existido ja-
más; mejor amigo de sus amigos, corazon más
noble para gozar con la felicidad ajena, alma
más libre (y se comprende bien) de envidia por
nadie ni por nada, eso sí puedo afirmar rotun-
damente que jamás ha existido.

Tipo bien opuesto al de Adolfo, es Andrés
Ruigomez, el autor de *Silvestre del Todo*, que
no sé cuándo acabará una preciosa novela de
costumbres que en Francia haria su reputacion
y su fortuna; que hoy, alejado de la literatura,
entregado á las nobles tareas del foro, quizá le
reserva la suerte una existencia más desahogada
y tranquila que la de sus compañeros, si bien
todos éstos la mirarán siempre como propia y
creerán que en su querido Andrés han mejo-
rado de fortuna. Andrés era el padre grave de
la reunion; el padre grave por la seriedad de su
cara, por lo reposado de su voz, por la entona-

cion verdaderamente forense con que ya entónces explanaba sus originales teorías sobre arte, sobre política, sobre religion y sobre todo. Andrés se las echaba de hombre de mundo, y apenas era hombre mundano; Andrés se las echaba de hombre libre de preocupaciones, y hasta mucho despues de aquellos venturosos dias no ha logrado verse libre de la preocupacion de no tener ninguna; Andrés se las echaba de hombre formal, y él era el único que mientras hablaba conservaba la cara séria, resalte el mejor de sus chistes. Talento sólido y bien nutrido, sagaz observador y pintor felicísimo de costumbres, Andrés Ruigomez hubiera alcanzado en Francia, con aliento para sus primeros pasos y recompensa para sus primeros merecimientos, una reputacion no menor que la de Paul de Kock, á quien vence en la profundidad de las ideas y no cede en la fuerza del chiste.

Tipo bien opuesto tambien al de Adolfo, era

el de otro personaje que no quiero bosquejar, para irme directamente á la figura principal de mi cuadro, que tambien se crió al calorcillo del *nido:* el autor del presente libro, mi querido amigo Campo-Arana.

III.

Don Quijote le llamaban sus compañeros; y hoy, que ya es todo·un guapo mozo, no parecerá imprudente confesar que el mote le estaba como anillo al dedo. Y Campo recordaba á D. Quijote por algo más que por lo seco y desgarbado de su cuerpo, lo avellanado del rostro y el rumbo de los bigotes: por lo exaltado de su imaginacion, pronta en hacerle recibir como realidades sus sueños de cada momento, infatigable para persuadirle á creer que está en verso nuestra existencia, contra la opinion de un personaje de comedia del pobre Luis Eguílaz. Campo se ha pasado, y se pasa, y se pasará la vida (porque es el individuo del *nido* ménos sujeto á cambio), tomando por gigantes los molinos de viento, y por castillo la venta tan justamente antipática á Sancho Panza.

Campo era, de todos sus compañeros, el que ménos versos hacía y el más poeta sin duda alguna. Si el que escribe estos renglones no creyera firmemente que el artista es echado al mundo por Dios, ni más ni ménos que el ave; que siempre encuentra las yerbecillas que han de alimentarla mejor, creeria con no ménos seguridad que Campo-Arana era un talento perdido á quien habian faltado favorables condiciones de desarrollo. Pero quien repare un poco en la vida de los hombres notables que honran á la humanidad, comprende desde luego que Shakespeare, con una vida más tranquila, con una instruccion más sólida, qui-

zás hubiese escrito dramas ménos gigantescos;
que Moratin, nacido en el siglo xvɪɪ, acaso no
hubiera tenido un talento bastante enérgico para
salir de la oscuridad; que Hartzenbusch, mé-
nos sabio y despues de arrojar en *Los Amantes
de Teruel* todo lo que un hombre solo puede in-
ventar, acaso ·hubiese valido ménos, mientras
la musa inquieta y viva de Narciso Serra pro-
bablemente se habria muerto de fastidio en la
fria, aunque sana atmósfera de una biblioteca.
Campo es poeta de impresion; ha recibido im-
presiones, posee el don de expresar de una
manera siempre clara y á menudo elegante sus
pensamientos: Campo es lo que puede ser. No
hay que indignarse con el pez porque no ande,
si sabe nadar bien, ni echar en olvido la fábula
de Iriarte, que nos presenta al ganso haciendo
de todo un poco, y haciéndolo todo como
quien era.

Campo no es un sabio; pero con que nadie

se lo conozca en sus escritos, con que posea la principal sabiduría del hombre de letras (la de saber bien qué es lo que no sabe, para no hablar de ello), él tiene bastante y el lector de sobra.

Su primer maestro ha sido el mejor: la naturaleza vista á través del sentimiento propio. Algo ha modificado esa espontaneidad la influencia que sobre él ha ejercido la lectura frecuente de los poetas alemanes: influencia ménos perjudicial en Campo que en otros escritores, por ser ménos opuesta á la índole del talento de nuestro autor, á cuyo espíritu soñador y vago ha debido sucederle con las odas y baladas del inmortal autor del incomparable *Wallensthein*, lo que al viajante que hallándose en tierra extranjera, oye por azar palabras del habla nativa de labios de un natural del país.—Poeta dramático Campo, de no vulgares condiciones, siempre valdrá cien veces más como poeta lírico: así se nos presenta en su primera obra de importan-

cia, el presente tomo de poesías, y así debe juz-
gársele. Bien ha hecho en bautizarlo con el
nombre de *Impresiones;* difícil sería encontrar
otro que le sentára mejor. Porque la poesía de
Campo es eminentemente individual, verdade-
ramente lírica. Así como en el drama el autor
no debe aparecer nunca (mas que al final,
cuando el público le aclame), el soneto, la oda,
la elegía, son como la máscara por que habla-
ban los actores griegos y latinos con la voz na-
tural, pero aumentada para que llegase á todos
los ámbitos del anchuroso coliseo. Las impre-
siones de Campo-Arana, producirán impresio-
nes en el lector. Casi cuantas contiene el tomo
están inspiradas por un suceso real siempre,
cuando ménos en la mente del poeta; con lo
cual basta para que nazcan con la vida que
sólo de la mente del poeta han de recibir. Por
eso unas podrán leerse con ménos agrado que
otras, pero ninguna con indiferencia: por eso

tambien nos sorprenderá la diversidad de su género, nos extrañará y hasta nos disgustará la diversidad, la oposicion de juicios y opiniones que se observa en ellas. Este tomo es la vida de su autor, cuyos sucesos pasan rápidamente á nuestros ojos, como cincuenta figuras distintas se reflejan á la vez una tras otra, en los contínuos, diversos y paralelos espejos de un café. El autor no nos engaña; en su introduccion nos lo dice bien claro: allí hace su programa, y más adelante lo cumple... El lector debe darse por satisfecho: ¿qué más podria pedir un pueblo á su gobierno ó un distrito á su diputado?

He dicho ántes, y vuelvo á afirmarme en ello, que nadie leerá con indiferencia este tomo de poesías. Todos los que han vivido la existencia agitadísima de nuestra sociedad, donde los sentimientos se tropiezan, se chocan, se confunden en el corazon, como la gente á la salida

de un teatro, encontrarán aquí á cada paso la
expresion exacta y concisa de sus propios sen-
timientos. Muchos dirán: «¡Qué bien dice el
autor lo que tan bien he sentido yo!» Y ¿cómo
no ha de apreciar el público un libro que le
parecerá escrito por él? Este es, á mi pobre
juicio, el triunfo más completo del poeta lírico.
Despues de publicar Becquer sus admirables
Rimas, que han hallado eco en todas las al-
mas, y Nuñez de Arce sus robustas inspira-
ciones, que ya saben de memoria todas las per-
sonas de buen gusto, la poesía que consiste
en la pulcritud, en el *aseo*, por decirlo así, de
los versos, ha muerto ya y está enterrada para
siempre. En literatura, la forma y el fondo son
lo que en la humanidad el cuerpo y el alma;
el cuerpo es la hermosura, el alma la bondad, y
ésta, sólo ésta, es inmortal. Si aquél sobrevive
en las obras del ingenio, es porque todo se
vuelve *alma* en ellas, como en el hombre cuando

traspasa el umbral terrible de la insondable eternidad.

¿Será esto querer sostener que las poesías de Campo son perfectas? Nada más léjos de mi ánimo. Acercáranse más á la perfeccion y estarian, tales como son ellas y la índole del talento poético de su autor, más léjos de la belleza artística. El lector encontrará en las *Impresiones* estilo frecuentemente incorrecto, versos flojos y desaliñados, imprudencias de asunto y de frase, falsedad y contradiccion en los juicios; todo mezclado y compensado con bellezas de primer órden, de esas que saltan á la vista del lector ménos perspicaz, como ciertas mujeres hermosas, de provocativa belleza, se nos entran por los ojos, atrayéndonos con sus miradas.

Campo, que posee una facilidad, á veces lamentable, para expresar sus pensamientos, paga á menudo una licencia poética, que pudiera haberse excusado, con mil primores; á la manera (y perdóneseme lo vulgar de la comparacion por lo que tiene de expresiva), á la manera del niño que promete á su madre no salir de casa en todo el domingo si le perdona media hora de escuela para ir á bañarse al rio con sus compañeros... donde de milagro no se ahoga y de seguro se resfria.

Otra ventaja hay en los versos de Campo: rara vez deja de acudir la inspiracion á su llamada. Para nuestro amigo, es siempre la poesía una amante esposa que se entrega con tranquila felicidad á su marido: nó la pobre mujer que fuerza un soldadote brutal y feroz.

Campo, esto no se puede negar, canta tan á menudo lo que siente como lo que no siente, y creo en conciencia que él mismo no lo distingue: el poeta cantará siempre mejor lo que cree sentir que lo que siente en realidad... ¡Ay! Si expresáramos bien lo que á veces sentimos, ¿qué poeta no sería gran poeta? La verdad del sentimiento no logra nunca salir por entero del corazon: ha echado en él raíces: al exterior brotan únicamente las ramas, ¡y éstas son tales que parecen árboles! Campo escribió indudablemente la hermosa poesía que me hace la honra de dedicarme (una de las más defectuosamente bellas de la coleccion) un dia que habia sostenido una discusion con un clérigo carlista, enterádose del asesinato legal de Reus y leido algun tratado de filosofía alemana...

Pero aquí han terminado mis observaciones sobre su libro. En literatura, divido yo los críticos (¡cuántas veces me han dividido y me dividirán ellos á mí!) en dos clases. Pertenecen á la primera los que acogen sin prevencion, con benevolencia, las primeras obras de un jóven, saben y comprenden lo difícil que es ponerse, sólo ponerse, en el camino de la perfeccion artística, y censuran lo malo sin acritud, ensalzan lo bueno con expansion, y ha-

cen con el principiante en tan difícil carrera
lo que el hábil doctor con el enfermo de que
se encarga: lo animan, lo confortan, le pres-
criben el régimen más propio para su restable-
cimiento, y le hacen confiar en la conquista de
la salud.

Pertenecen á la segunda clase, los críticos
para quienes todo es malo, para quienes nadie
sabe nada, para quienes nadie debe escribir; que
vierten hiel sobre las primeras ilusiones de un
alumno de las Musas, que mutilan sin piedad
sus composiciones, ensañándose en ellas con
tanta fé como alevosía, como cristiano contra
moro. A éstos no les llamo yo críticos, sino
verdugos de los que en tiempos de triste recor-
dacion atenaceaban el cuerpo, sacaban los ojos
y cortaban las orejas á los delincuentes... todo
con el objeto de decidirlos á la enmienda.

Sin ciencia ni entendimiento para lo primero,
me encuentro con demasiado buen corazon para

lo segundo, y dejo el libro de mi amigo querido á los que de una clase y de otra no faltan en nuestra república literaria: á los primeros se lo abandono con alegría y confianza; á los segundos... por fuerza se lo entrego.

IV.

Llego aquí fatigado, jadeante, como el que ha hecho una larga jornada, con gusto, pero con precipitacion excesiva, y conozco que he dicho muchas impertinencias, algunas verdades, y varias cosas que podria haber reservado para mejor ocasion... Sin embargo, ya es costumbre (y costumbre mala, de dificilísimo destierro por lo tanto) que al frente de toda nueva publicacion vayan unas cuantas páginas escritas con el objeto de que nadie las lea: Campo ha puesto empeño en que el prólogo de sus versos lleve mi firma; yo he dejado hablar por cuenta propia al corazon y á la fantasía: y comprendiendo, aunque algo tarde, que mi prólogo podria carecer de interés, por lo ménos, una reflexion me consuela de todas las demás. Si el prólogo no se ha de leer, más vale que sea mio que de una persona autorizada.

CÁRLOS COELLO.

INTRODUCCION.

MELANCOLÍA.

Yo padezco, lector, frecuentemente,
— sin que sepa la causa verdadera
ni si es cosa del cuerpo ó de la mente,—
una tristeza amarga, que inclemente
me domina, me rinde y desespera.

La sangre que en mis venas comprimida
caminaba en raudal impetüoso,
parece detenerse en su carrera,
y sin calor, sin fuerza, empobrecida,

se desliza con paso perezoso
como si en mí la vida se extinguiera.
La luz no hiere con su lumbre pura
mis ojos apagados
donde ántes su fulgor resplandecía,
y á través de una niebla siempre oscura
miro la alegre claridad del dia.

No hay eco que hasta mí llegue distinto,
ni idea que despierte mi entusiasmo;
no hallo placer que excite en mí el instinto,
ni dolor que me saque del marasmo.
Dios, la gloria, el amor, la patria, el arte,
ídolos de mi ardiente desvarío,
sólo me inspiran pesaroso hastío;
que parece domar mi sér inerte
la calma precursora de la muerte.

Un remedio á mi mal buscando en vano,
ya me siento al piano

y recorro con mano perezosa
las teclas de marfil de uno á otro extremo,
modulando en su marcha caprichosa
extrañas melodías
en las que siempre va del alma parte,
llenas de extravagantes fantasías,
sin hilacion, sin formas y sin arte,
brillantes una vez y otra sombrías;
canto salvaje que mi mente eleva
sin que el arte lo cubra con su manto,
que el viento nunca lleva
á donde yo lo envío;
notas de una oracion ó de un lamento
que nadie escuchar quiere,
y que van á perderse en el vacío
ignoradas y solas,
como el grito del náufrago que muere
en el rumor de las revueltas olas.

Ya el exánime cuerpo abandonando
á la extraña inaccion que le avasalla,

los tristes ojos á la luz cerrando,

sin que la voluntad le oponga valla,

dejo á mi pensamiento libre vuelo;

mas de un sueño imposible en pos se lanza,

y vaga en loco anhelo

de un recuerdo á un dolor ó á una esperanza,

de una idea á otra idea,

sin conseguir hallar lo que desea.

Ya queriendo fijar mi pensamiento,

sobre el blanco papel la mano puesta,

expresar con palabras mi ánsia intento;

y comienzo novelas y canciones,

y poemas, y dramas, y cien cosas

que no pasan jamás de tres renglones.

Fragmentos que conservo en mi cartera,

que leo con el alma estremecida,

porque en esos fragmentos está entera

la historia de mi vida.

Mas todo en vano: ni en los dulces sones

de la rica armonía,

ni en las anchas regiones
donde mi pensamiento desvaría,
llenas de luz, de amor y de belleza,
puedo encontrar alivio á mi tristeza.

Si vuelvo á Dios el ánimo contrito
y piedad de mi pena le demando
con humilde fervor y acento blando,
el aliento maldito
de la duda cobarde y acerada
á envenenar mis pensamientos viene,
y en mis labios detiene
una oracion apenas comenzada.

Vuelvo entónces los ojos á la tierra
y de mí se apodera horrible espanto
al ver los séres que en su seno encierra.
Unos con rabia atroz, otros con llanto,
alzan al cielo punzador gemido,
y el de unos en el de otros confundido,

en concierto infernal, que crece y crece
‚ como el mar al alzarse enfurecido,
hacen llegar sin tregua hasta mi oido
un grito de dolor que me enloquece.

Por fin, tras largas horas
de ignorado martirio, el mal se aleja
trocándose en hondísima amargura
que ya nunca me deja.

Entónces, á mi afan suelto la llave
y escribo, sin pensar adquirir gloria
ni de fama ó de títulos ansioso,
—que esa ambicion en mí fuera irrisoria.
Escribo, como llora el desgraciado,
como canta el alegre; porque el pecho
es para el hondo sentimiento estrecho
y se desborda el duelo ó la alegría, ‚
ésta con expansiva carcajada,
aquél en una lágrima sombría.

Escribo sin buscar otra ventura,
sin anhelar más precio á mis canciones
que desahogar un poco mi amargura.

No busques pues, lector, en mí al poeta
ni al hablista galano,
ni al pensador severo:
Dios me negó favor tan soberano
y yo que fiel su voluntad venero,
á mi modesta inspiracion me allano.
Dotes tan altas, ni fingirlas puede
el mortal á quien Él no las concede.

Mas no por eso cesará mi canto,
que en el concierto inmenso,
de la tibia mañana
que la dulce y alegre primavera
con aromas y flores engalana,
del grillo entre las yerbas escondido
el ingrato chirrido,

se une al canto de amores regalado
del *pardo ruiseñor enamorado,*
y al zumbido monótono y constante
del insecto infeliz, el tierno arrullo
de la tórtola amante
y del arroyo el plácido murmullo;
y de unos en la de otros confundida
la voz, ésta apacible, aquélla ingrata,
forman, por atraccion desconocida,
el himno poderoso de la vida
que en los aires fermenta y se dilata.

¿DÓNDE ESTÁ?

¡Oh! sí: para vivir, yo necesito
    lucha, esperanza, amor.
Los instantes de dicha y de abandono,
    cielo de la pasion;
la duda inquieta del desden fingido,
    tormento abrasador,
que con lágrimas baña las pupilas
    y de ira el corazon;
el tembloroso afan de la respuesta
    y del primer favor;
el nervioso delirio de los celos,
    que turba la razon.

Mas ¿dónde hallar una mujer que sepa
    comprender mi dolor?
¿Dónde encontrar una mujer, esclava
    del mismo afan que yo?
¿Una no habrá en el mundo que me escuche,
    que sienta así el amor?
¿Una no habrá en el mundo, que me quiera
    mentir por compasion?

¡SOLO!

Solo... Solo... Siempre solo,
siempre solo con mis penas!
Solo mientras dura el dia,
solo en la noche serena,
solo cuando pienso en Dios,
solo al pensar en la tierra,
solo cuando canto alegre,
y solo con mi tristeza!...
Solo siempre... Mas ¿por qué,
esa soledad eterna?
Es ¡ay Dios! que el alma mia
no ha hallado su compañera,

y siento que me hace falta
la mitad de mi existencia;
es que soy un pobre loco,
ó la humanidad entera
es ménos buena que yo,
y que su maldad me aterra;
es que el mundo me rechaza,
ó que mi alma le desprecia,
porque en él, ¡ ay! no ha podido
encontrar su compañera.

—

Es que yo adoro las lágrimas
y el mundo se rie de ellas;
es que es mi ambicion muy grande
ó que mi alma es muy pequeña:
es que siempre, combatido
por encontradas ideas,
fluctúa mi pensamiento
por que la verdad no encuentra;
es que no tengo la fé
del mártir ni del poeta;

es que todos mis dolores
son despreciables miserias
que no levantan el ánimo
y que las fuerzas enervan;
es que anhelo un imposible,
delirio de mi tristeza;
es que me falta un apoyo
á que asir mi mano trémula;
es ¡ay Dios! que el alma mia
no ha hallado su compañera.

—

Es que me siento vencido
en esta lucha suprema,
y no hallo un amante seno
donde apoyar mi cabeza,
y á cuyo tibio calor
resuciten mis ideas;
es que veo, á mi pesar,
cerradas todas las puertas,
y sólo me ofrece asilo
la muerte... Quizás en ella,

al otro lado del manto
que la eternidad nos vela,
mi alma que triste y doliente
su camino hace en la tierra,
podrá conseguir su anhelo:
encontrar su compañera.

ÁNSIA.

Y qué ¿ de esta inquietud jamás postrada,
de esta lucha sin tregua que en mí siento,
de este loco y altivo pensamiento,
¿no habrá de quedar nada?—¡Nada?...—¿Nada...

La pobre flor en el pensil tronchada,
deja sus hojas y su aroma al viento;
la ola al besar la playa, su lamento
deja, y la linda concha nacarada.

Yo tambien dejar quiero mi memoria;
aunque agostado como débil lirio,
quiero esculpir mis huellas en la historia.

Quiero que un dia el mundo con delirio
orne mi tumba con laurel de gloria...
Laurel de gloria, ó palma de martirio.

SÚPLICA.

¡Ay Dios! ¿No quereis decirme
dónde la podré encontrar?
Largos dias há, su huella
busco con ardiente afan...
Yo quiero verla un instante...
Un instante nada más.
Yo ahogaré en mi pecho el grito
de inmensa felicidad
que al volverla á ver de nuevo
el amor me arrancará.
Yo la dejaré camino
viéndola, triste, pasar

sin pedirle una sonrisa
que calme mi ardiente afan.
Yo me esconderé en la sombra
cual medroso criminal...
No buscaré su mirada...
Su voz no me arrastrará...
La veré como un delirio
irrealizable y fugaz...
Mas... quiero verla un instante,
un instante nada más.
—Por Dios, ¿no quereis decirme
dónde la podré encontrar?

DIOS.

Lucha tenaz; mi espíritu se aterra,
y en vano busca el insoluble arcano
tras de el que en pos, el pensamiento humano,
riñe consigo mismo cruda guerra.

¡Dios! ¡Un tiempo tirano de la tierra!
¡Terrible agitador del Occeano
que sumerge azotándola inhumano
la pobre nave que en su seno encierra!

Mas nó; los elementos obedecen
sólo una ley, y ante ella, cual el suelo,
los infinitos mundos se estremecen.

Mintió quien en tu sér forjó su anhelo...
—Mas... ¿por qué mis pestañas se humedecen
al levantar los ojos hácia el cielo?

SOMBRA EN LA LUZ.

I.

A mi ruego tenaz por fin rendida,
ella, oculta en la sombra, me esperaba,
y yo, de orgullo y gozo el alma henchida,
buscándola, en la sombra caminaba.
Sólo la tibia luz de las estrellas
mis pasos alumbraba:
su pálido fulgor me parecia
áun más alegre que la luz del dia.

II.

Al dejarla, sus tintas de oro y grana
esparcia en el cielo la mañana,

y cuando el sol se alzó en el horizonte,
pensando en la victoria
que al dulce amor debia,
yo no sé qué sentia
que en medio del recuerdo de mi gloria
triste la luz del sol me parecia.

Á CÁRLOS COELLO.

NOSCE TE IPSUM.

¡Rey de la creacion, hombre! Despierta.
Sál del letargo en que sumido vives,
abre una vez á la verdad tus ojos,
si á resistir su luz tu vista acierta.
　Despierta contemplando los despojos
de tu pobre grandeza,
mezquino sueño de tu sér soberbio.
　Despierta con presteza,
baja del trono de oropel y harapos
que rico solio en tu locura crees.

Suelta el cetro de caña con que riges
el engañoso mundo que posees,
y sombras vanas con afan diriges.

Deja caer la máscara arrogante
con que encubres tu bajo pensamiento
de bien y de grandeza vergonzante.

Hipócrita insensato,
que de soberbia en insondable abismo,
en tu loco arrebato
te mientes la grandeza áun á tí mismo.

—

¡Ah! no es ciego extravío
la fuerza poderosa que arrebata
la templada razon, y se apodera
del pensamiento mio.

Nó; no es la duda ni la envidia artera,
no es la fiera afliccion de la amargura,
ni el débil grito del herido esclavo.

La envidia mata, si la duda altera,
la amargura tan sólo el llanto funde,
la cobardía besa al que la azota.

Yo vivo y pienso, y, al error atento,
del tirano el poder no me confunde
ni doblego á su antojo el pensamiento;
pues sé que ante la voz conmovedora
de la santa verdad, en su flaqueza
caerán, sobre su asiento mal seguros,
como de Jericó los anchos muros,
sus sueños, su poder y su grandeza.
Y esa verdad sus alas me ha prestado,
á su cielo de luz me ha conducido,
y ora desesperado,
ora preocupado ó divertido,
al ver el hombre desde allí he llorado,
y volviendo á mirarle, me he reido.

—

Envidia ó egoismo; ese es el hombre
por más que luche en disfrazar su anhelo
con un hermoso nombre.
Llama amor al deseo disoluto
á que rinden tributo,

sin la inmunda torpeza á que él se entrega,
el ave, el pez, el bruto,
la misma flor inmóvil que despliega
su cáliz á la brisa y al rocío.

Llama ambicion á la locura ciega
que tenaz le persigue hasta en sus sueños
sin que olvido ó reposo se demande,
no por ser él más grande,
sino por ver á los demás pequeños.

Llama equidad á la ruïn codicia,
llama heroismo al crímen más sangriento,
saber á la malicia,
redencion al tormento,
y á la venganza bárbara, justicia.

Ciencia al enmarañado laberinto
en que su limitada inteligencia
se pierde errante sin hallar salida;
alma á su ciego instinto,
al vil temor prudencia,
fé al fanatismo ciego,
ley al hierro homicida,
y á la inaccion estúpida, sosiego.

Caridad á la dádiva avarienta,
migaja de su mesa suntüosa,
que presta, haciendo cuenta
de recobrar crecida
de la mano potente y dadivosa
de un Dios que se ha forjado en otra vida.
Y se crée un sér grande porque siente
afectos que orgulloso diviniza,
cuando acaso los miente.
¡Amor de patria! dice, imaginando
que es privilegio la atraccion sagrada
que hace al ave viajera
amar á la enramada
donde elevó su voz por vez primera,
donde pasó el estío,
donde vuelve á anidar la primavera.
¡Razon! exclama con acento grave,
y áun blanquean al sol en la llanura
las osamentas de cien mil soldados
que asesinó su bárbara locura;
el paso de la fiera muchedumbre
áun destroza la miés de la campiña,

y cadáveres mil ensangrentados
alimentan las aves de rapiña.

¡ Arte !... Tal vez tan sólo ese deseo
es en él verdadero y grande y puro...
Tal vez... Mas, ese mismo sentimiento,
¿ no es acaso el altivo desvarío
de hallar de Dios el ignorado asiento,
adivinar su imágen escondida,
sorprender su existencia en un momento,
y robarle el secreto de la vida?

LA VUELTA.

—Cuando tras tanto penar
llegas, cubierto de gloria,
á gozar de la victoria
al amor de nuestro hogar,
dime: ¿Qué negro pesar
turba, hermano, tu alegría?
¿Qué negra melancolía
te entristece á nuestro lado?
—¡Ay, Julian! ¡Que me ha olvidado
la mujer que yo quería!

—Hijo, ¿y por eso abatido
al dolor te rindes ciego?

¿ Perdiste el valor y el fuego
con la sangre que has perdido?
¿ Lloras?... Mas dime, ¿qué ha sido
del valor que yo sentia
cuando tus cartas leía
ansioso y entusiasmado?
—¡ Ay, padre! ¡ Es que me ha olvidado
la mujer que yo quería!

—Hijo: tu dolor me mata,
ven y reposa en mi seno,
de amor para tí está lleno,
en él tu llanto desata.
¿ Qué te importa si una ingrata
de sus brazos te desvía?
Toda es tuya el alma mia,
reposa en mí confiado.
—¡ Ay, madre! ¡ Que me ha olvidado
la mujer que yo quería!

¡REBELDÍA!

No, ya no quiero consolar al triste,
ni con mis manos enjugar su llanto:
ya mi alma, endurecida, se resiste
hasta del bien al goce sacrosanto.

Ya el dolor me arrebata y desespera,
sin que consuelo á la paciencia pida:
ya aborrezco el dolor... ¡el dolor, que era
la ilusion más hermosa de mi vida!

Espíritu rebelde, á Dios me atrevo,
y de su fé rompiendo ya los lazos,
como reproche, ante sus ojos llevo
de mi alma destrozada los pedazos.

Si al escuchar mi queja en la agonía,
de la lucha feroz al fin rendido,
me echa en cara mi osada rebeldía,
yo le podré decir: « Tú lo has querido.

Tú me marcaste de la vida el paso,
tú un cuerpo débil para mi alma diste:
si era para el licor frágil el vaso,
¿ por qué no lo cambiaste ó lo rompiste?

¿ Dónde está tu justicia, que no acudes
un remedio á aplicar á los dolores
del que siente la fé de las virtudes
y el gérmen del amor de los amores? »

.   .   .   .

.   .   .   .

¡ Ah, no sabeis vosotros, desdichados,
que acaso oís riendo mis gemidos,
los momentos de angustias ignorados
que guardan estas letras escondidos!

Con los años de vida que se aleja,
una ilusion tras otra desparece,
y hasta el rastro de fuego que en mí deja
tambien año tras año palidece.

Una sola, no más, conservo entera,
refugio fiel donde mi fé se escuda,
y esa ilusion bendita, la postrera,
hoy viene á arrebatármela la duda.

¡Dios! ¿Dónde está? Mis ojos le veian
en un tiempo feliz, yo no sé donde;
pero siempre encontrarle ellos sabian...
¡Hoy no le encuentro ya! ¿Dónde se esconde?

A...

Suave el dorado virginal cabello,
puros y azules los rasgados ojos,
blanca la tez, enrojecido el labio,
        lánguido el talle.

¡Cuántas bellezas por mi mal nacidas!
¡Cuántos tesoros, para mí vedados!
Tiemblo, mujer, al recordarte ausente,
        tiemblo y suspiro.

¡Sabes que sólo gozo cuando sueño
(cuando en mí la existencia se interrumpe!)
al dar mi mente á los recuerdos vida,
        sér á tu imágen!

¿Sabes amar, sin esperar siquiera
¡triste placer! que tu pasion conozcan?
¿Sabes llorar... pero llorar de celos?
        ¡Ay! no lo sabes.

Sigue, sigue inocente tu camino,
piensa una vez, y compadece al triste;
ruede una vez por tu séreno rostro
        lágrima ardiente.

Y cuando al seno de la madre tierra
vuelva tu cuerpo, en mármol convertido,
unjan tu frente de olorosas flores
        suaves aromas.

Tiemble al contacto de la forma pura
dándole abrigo, la feliz arena,
muera yo luégo, y del sepulcro frio
        repose al lado.

EL ANOCHECER.

La tarde muere; la sombra
se extiende por todas partes,
y con el dia concluyen
los gorjeos de las aves.
Sólo alguna que tardía
cruza tristemente el aire,
á buscar allá en la aldea
nido donde refugiarse,
exhala un débil gemido
triste, dulce, inexplicable;
tal vez un adios al dia
que no volverá á alumbrarle,

tal vez murmullo de pena
al verse sola y errante.
Y pasa cual leve bruma
que en sí misma se deshace,
y entre la sombra se pierde
desvanecida su imágen.

Calla la naturaleza
que, tambien del dia madre,
enmudece en la agonía
de la moribunda tarde.
Y el religioso silencio
del triste y supremo instante,
deja inmóviles y mudas
á las hojas de los árboles,
que, embebecidas, esperan
que la noche les ampare,
ó vuelva á lucir el dia
para volver á besarse.

Llegan en alas del viento
melancólicos cantares,
y el eco de la campana
que á un tiempo en la aldea tañen...

Y es que los hombres tambien
al ver el dia alejarse,
sienten la misma tristeza
que los campos y las aves,
y cantan ó rezan... — ¡ Ay !
¡ quién pudiera acompañarles,
y cantar con los dichosos
y orar con los miserables !

Á UNA LÁGRIMA.

Rueda, bañando mi mejilla helada,
lágrima temblorosa y vacilante;
pára al tocar mis labios un instante,
y refresca su piel seca y quebrada.
Contigo va de la mujer amada
el último recuerdo delirante;
contigo va de mi ambicion gigante
la ilusion ántes muerta que soñada.
Mas no sigas... Detente... Si supieras
que al sentir en mis labios tu frescura,
me dá vida el dolor, te detuvieras...
Tánta es la hiel que en tí mi labio apura,
que tornándose dulce el mar, pudieras
tú sola devolverle su amargura.

NUBE DE VERANO.

Iba cayendo el dia,
y ella y él, caminito de la fuente
que entre los olmos murmurar se oia,
marchaban vivamente;
ella lloraba y él palidecia.
  Y con ira creciente
los dos se denostaban,
y «aleve» el uno al otro se llamaban,
apurando el atroz vocabulario
que tiene el amoroso diccionario
para tales combates, precursores
de más estrecha paz cuanto mayores.

Ella, con las mejillas cual la grana
y cortada la voz por cien suspiros,
llorosa le decia
llena de rabia insana:
—«¡No te he querido nunca, no te quiero!»—
Y él tambien, á porfía,
—«Tampoco yo te quiero»—le decia.

Y al cabo, tantas cosas se dijeron,
un odio tan eterno se juraron,
que uno y otro su paso detuvieron
y sin decirse adios, se separaron.

—

Tambien moria el sol al otro dia,
y ella y él, caminito de la fuente
que entre los olmos murmurar se oia,
iban pausadamente;
ella lloraba y él se sonreia.
Él, con ánsia treciente,

—«¿Me quieres, vida mia?»—le decia;

y ella, alzando la frente,

donde el santo pudor resplandecia,

le miraba á los ojos fijamente,

y mil veces —«¡Te quiero!»—repetia.

EFECTO DE ÓPTICA.

Porque no te veia,
una vez maldiciendo, otra llorando,
la vista dirigia
á la arboleda umbría,
sólo de ruiseñores habitada,
que, la intensa pradera atravesando,
termina en el umbral de tu morada.
Ya se iban apagando
del cielo azul los tornasoles rojos...
Yo, el rostro contrayendo
de rabia y de dolor, cerré los ojos
y... ya nunca te aguardo maldiciendo.

EL ÁGUILA.

Alza su vuelo el águila altanera
ráuda cruzando pueblos y naciones,
y hace con sus despojos y pendones
arco triunfal á su triunfal carrera.

Tiembla aterrada y muda Europa entera
por su acerada garra hecha girones
desde las frias, árticas regiones,
hasta la Italia donde el sol impera.

Quiere herir al Leon envanecida,
mas, de su roja crin tendiendo el pelo,
su zarpa clava en ella y cae vencida.

Duda, vacila alzándose del suelo
al sentirse en Bailén de muerte herida,
y abate en Waterlóo su incierto vuelo.

DESEO.

Eras tú: mi deseo adivinaba
tus rojos labios, tu mirar de fuego,
de tu amor las histéricas caricias,
el ardiente perfume de tus besos.
    Eras tú, que surgias en mi mente
envuelta entre la niebla de mis sueños,
radiante y bella, cual la luna surge
del horizonte entre el celaje denso.
    Eras tú, realidad de una quimera,
demonio tentador, terrible y bello,
que venía á encrespar con la tormenta
de mi existencia el mar triste y sereno.

Al eco de tu voz, como las olas
se elevan hostigadas por el viento,
despertando del tímido letargo,
se elevaron en mi alma cien recuerdos.

Sentí la vida en mis hinchadas venas
cual lava ardiente discurrir de nuevo,
y esperanzas, y dichas, y temores
germinar en mi oscuro pensamiento;
aspiré de la dulce primavera
áuras y aromas en el triste invierno;
la existencia encontré fácil y hermosa
y de morir me abandonó el anhelo;
me sentí renacer cuando ya estaba
para el amor y la esperanza muerto,
bajo la enorme losa de la tumba
que levanté para mi amor primero.

El fantasma dorado de la gloria,
el de fortuna deshechado empeño,
ante mis ojos, por su brillo atónitos,
plácidos otra vez aparecieron.

Tímido como el niño adolescente,
te persigo doquier; y hallarte espero,

cual el que sueña dichas y dormido
á sí mismo se guarda el dulce sueño,
temiendo, al despertar, todo el encanto
de su delirio contemplar deshecho.
¿Quién eres? ¿Quién á mí te ha conducido?
¿Acaso el ánsia de carnal deseo?
¡Ay de mí! No lo sé, que áun no te he hablado;
áun si mientes ignoro... y ya lo temo.

No es el instinto el que hácia tí me arrastra,
más noble es la pasion con que yo sueño;
pero ¿qué importa si una impura llama
á pesar tuyo te calcina el pecho?
Yo tengo para tí raudal sin fondo
de casto amor y nobles pensamientos,
y al enlazar mis manos con las tuyas,
al oprimir tus labios con mis besos,
el perfume de amor que mi alma llena,
trocará el vil calor en santo fuego.

Beberás ese amor en mis miradas,
lo absorberás al respirar mi aliento,
te lo trasmitiré cuando mi mano
acaricie amorosa tu cabello.

Te envolveré en su atmósfera divina,
como en nube de aromas y de incienso,
despertaré tu corazon dormido,
te volveré al amor y al sentimiento.
Tú acaso pagarás con la sonrisa
mi amor sin mancha, aspiracion del cielo;
yo lloraré, mi bien, y tántas lágrimas
ablandarán tu loco menosprecio.

. . . .

¡Y al fin me olvidarás! Llegará un dia,
en que acaso con odio nos veremos...
¡El deseo en tu sér se habrá extinguido!
¡Este amor que me inspiras habrá muerto!

¿POR QUÉ?

¿Por qué? Yo te he cubierto con mis besos;
el párpado süave, el fresco labio,
la blanca frente y el nevado pecho,
tu garganta, tus rizos y tus manos...
¡Todo, de amor en el delirio ardiente,
mis dedos con afan lo acariciaron!
Y tú, rendida al ruego, y al instinto
que en el hombre engendró quien le ha creado,
beso por beso, loca me volviste,
buscando, al esconderte entre mis brazos,
oprimiéndome á un tiempo con los tuyos,
tu cabeza en mi pecho sepultando,

camino de llegar hasta mi alma
para buscar en ella tu retrato,.
ó el fuego de la llama abrasadora
del amor y el placer ¡crímenes santos!
   Y fundidos en uno nuestros séres,
sin idea del tiempo ni el espacio,
sin que tanto placer y dicha tanta
pagára ningun hombre con su llanto,
secreto como el génesis del mundo,
grande, amada mujer, como el espacio,
creamos un momento de ventura
de nuestra vida en el trascurso amargo.
Momento que era un mundo... ¡cuán distinto
del mundo miserable que habitamos!
   Todo era amor y dicha, saturada
con la miel regalada de tus labios. .

. . . .
. . . .

¡Y tal felicidad era un delito!
¡Tanta dicha, mujer, crímen nefando!
¿Por qué? Yo no lo sé; pero es un crímen...
Por tal el mundo entero lo ha juzgado...

¿Qué importa? Yo desprecio su sentencia,
y en tus caricias y en tu amor soñando,
sólo sé que me arrastras en pos tuyo,
sólo sé que eres bella y que te amo.

EN EL ÁLBUM DE ELISA.

Nacida bajo el sol de Andalucía,
    bella, jóven, discreta...
¡Dios mio! ¡Cuántas cosas te diria
    si fuese yo poeta!

—

Y áun sin serlo, mirándome en tus ojos,
    de inspiracion venero,
á Byron y Petrarca diera enojos...
    si estuviera soltero.

Mas ¿qué quieres, Elisa, que te diga,

    si, aunque de mente inquieta,

no soy, por mi desgracia, hermosa amiga,

    soltero ni poeta?

DEBILIDAD.

Me sentia morir, y quise verla,
    darle mi maldicion;
y... vino... y ví sus ojos, y... le dije...
    « ¡Que te bendiga Dios! »

AYER.

«¡La amo!» yo me decia
loco, embriagado en su recuerdo hermoso,
y «¡la amo!» repetia.
¿Dónde se fué el ensueño venturoso
que en su amor me forjé?
Fué no más vago sueño mentiroso;
hoy me digo: «¡la amé!»

Á UNA ROCA.

A través de los siglos que han pasado,
inmóvil en tu asiento;
bañada por el mar desenfrenado
que ruje turbulento
ó seca por el viento
que azota tu semblante descarnado,
miras llegar tranquila
la ola hirviente que rugiendo avanza,
se recoge al llegar, duda, vacila
y contra tí con ímpetu se lanza.

Choca, gime, se rompe, y agitada
te envuelve con furor en densa bruma,

y murmurando, vuelve al mar cansada
dejando su impotencia en tí marcada,
dolor y rabia, lágrimas y espuma.

. . . .

¿ Y estarás siempre así, muda y sombría,
recostada en la arena?

Es imposible. Nó; llegará un dia,
que acaso en el reloj del tiempo suena,
en que la fuerte mano
del hombre llegue en tí á posarse ardiente,
y entónces, á su impulso soberano,
una existencia en tí quizás aliente.

Entónces, ya con vida,
tal vez tu masa para el mundo sea
muro de una prision aborrecida,
humilde signo de potente idea.

Tal vez tendrás un nombre;
tal vez, deshecha en trizas,
serás estátua que eternice un hombre,
pobre losa que guarde sus cenizas.

EL ÚLTIMO AMOR.

¿Lloras, mirando deshecho
el encanto embriagador,
que, de la vida al calor,
engendró en tu tierno pecho
el primer sueño de amor?

¿Lloras, por siempre perdida
tu esperanza más querida,
y la dicha y la ilusion
ardiente de la pasion,
aureola de la vida?

¡Entornas tus negros ojos,
que oscuro círculo abraza,
y contraes tus labios rojos,
llenos de penas y enojos,
de dolor y de amenaza !

—¡Que ese amor era el primero!
—¡Que no hay otro verdadero!
Triste error, yo te lo digo;
escucha mi acento amigo,
que yo consolarte quiero.

Tú amarás; mil y mil veces
libarás hasta las heces
de amor la inmensa ventura;
ese llanto, esa amargura
él te pagará con creces.

¿Sabes cuál es el amor,
profundo, arrebatador,

por el que ese olvidarás;
pensamiento roedor
que no se olvida jamás?

El último; amor nacido
con el doliente gemido
de la juventud cercana
que se aleja, y que mañana
por siempre se habrá perdido.

Ciega y ardiente ambicion
que nada apaga en el mundo,
que arranca del corazon
la suprema convulsion
postrera del moribundo.

¿Y sabes, de esos amores,
cuál dá tormentos mayores?
¿Cuál, si la esperanza muere
en quien realizarla quiere,
causa más vivos dolores?

¿Cuál llena nuestra memoria
sin consuelo que le cuadre?
¿Cuál es de la vida historia?...
Para los hombres, la gloria;
para la mujer, ser madre.

Á LA SEÑORA

DOÑA TEODORA LAMADRID

DESPUES DE ADMIRARLA

EN LA REPRESENTACION

DEL DRAMA

«LA LOCURA DE AMOR.»

Necio fuera, señora, en tal momento,
rebuscando un concepto pretencioso
digno de honrar sujeto tan glorioso,
esforzar el indócil pensamiento.
Permitid que, de tal martirio exento,
vuele desatinado y caprichoso
para expresar cuán grande, cuán hermoso
es el placer que al escucharos siento.

El ánimo os persigue embebecido,
altérase el aliento acompasado
y el corazon redobla su latido;
  una lágrima ensancha el pecho ahogado,
surge, tiembla en el párpado encendido
y cae... ¡Al alma se la habeis robado!

ILUSION.

Columpiarse veíala en mis sueños
al blando soplo de la dulce brisa,
y llegaba su voz hasta mi oido
    clara y distinta.
Veíala en las nubes de la tarde
dibujarse cual vaga fantasía,
aspiraba su aliento en los aromas
    que el viento me traia.
Sentia su contacto léjos de ella,
y al sentirlo, mi sér se estremecia,
y cerraba los ojos para verla
    más clara y más distinta.

Conversaba con ella, en inefable
dulce coloquio, como en otros dias;
mirábala llorar de amor, y loco
sus lágrimas bebia.

. . . .

Creia verla, entrándome en su alma,
pura como mi amor, pura y bendita;
creia que me amaba y que era buena...
¡ Y era mentira !

REALIDAD.

Triste, marchita y harapienta y sola,
ocultando su faz
con extraño rubor, casi á mi lado
hoy la he visto pasar.
Al mirarla, mi sangre ha detenido
su curso natural;
he sentido la angustia de la muerte...
No he podido llorar.
¡Ella pobre, marchita, sola y triste!
¡Oh! ¡Cuánto sufrirá!
¡Ella, que ayer en régias bacanales
consumia su afan!

El vicio y la impureza la han manchado
arrugando su faz...
¡Dios mio! Al verla así, ¿cómo no puedo
áun dejarla de amar?

RESIGNACION.

Cúmplase mi destino; yo no quiero
luchar ya más contra la adversa suerte;
el negro porvenir tranquilo espero,
puestas mis esperanzas en la muerte.
    Siento que ya mis fuerzas agotadas,
que mi mente, serena en otros dias,
las unas por mis penas enervadas,
la otra presa de horribles fantasías,
ya nada oponen al terrible embate
de ignota maldicion, que me persigue.
Ya no espero vencer en el combate:
¿qué fuerza habrá que á combatir me obligue?

Si es que merezco tal rigor, lo acato;
quede vengado el crímen cometido:
si es injusto placer de un Dios ingrato,
goce en mi mal; ni compasion le pido.

Yo volveré mis ojos anublados
por un dolor mayor que mi arrogancia,
no á los cielos sin nubes y azulados
donde un Dios me mostraron en la infancia;
yo de mi alma llevaré el desvío
viendo á los hombres de pesares llenos,
y buscaré, para consuelo mio,
remedio no á mi mal, á los ajenos.

Mi adios he dado sollozando y triste
del amor á los goces inefables;
ya la mujer que idolatré no existe
sino en mis pensamientos implacables.
Ellos me la retratan bella y pura
como la flor al despuntar la aurora...
—¡Sarcasmo horrendo! ¡Bárbara impostura!
¿Dónde estará la pobre pecadora?

Gloria, poder, serena paz del alma,
tambien con su pureza habeis huido,
y del mártir y el héroe la palma
por siempre con vosotras he perdido.

Ya ni gloria, ni amor, ni bien espero;
y á tanto de mi suerte el odio alcanza,
á tanto llega su castigo fiero...
¡ que me deja vivir sin esperanza !

Tal vez pensó la mano misteriosa
que así á un suplicio eterno me condena,
que al ver perdida mi ilusion hermosa,
al verme entre las sombras de la pena,
en justo desagravio del martirio
que en un infierno convirtió mi vida,
ciego, iracundo, presa del delirio
fuese á buscar el arma del suicida...

¡ Ah ! nunca ; suya fué la atroz sentencia
que, dócil al capricho de mi suerte,
me libró, sin pedirlo á la existencia,
y ella no más ordenará mi muerte.
Ella hará que este sér su afan soporte
cercana viendo la entreabierta tumba,

ni tan valiente que su vida corte,
ni tan cobarde que al dolor sucumba.

Como en la oscuridad busca el que ciega
alivio de su bárbara fortuna,
yo buscaré la paz que se me niega
de mi propio dolor en la amargura.

Veré pasar en juvenil cortejo
tantos dichosos que envidiar debiera,
y hallaré en su alegría algun reflejo
del tiempo en que tambien dichoso era...

¿Envidiarlos?... ¿Por qué? ¡Yo me divierto
ahogando en sus murmullos mi agonía...
¡Si aunque ellos la perdieran, sé de cierto
que para mí su dicha no sería!

¡SE VAN!

¡Se van! ¡Qué triste me quedo!
Apenas vencerme puedo,
que, oprimido el corazon,
infunde al alma afliccion
con los fantasmas del miedo.

¡Se van! A mi pobre nido
silencioso y escondido,
no podrá prestar amor
el dulce y tibio calor
de su aliento bendecido.

Va á faltarle la armonía
de sus gritos de alegría,
de su voz, timbre de plata
que la inocencia retrata
y que inunda el alma mía.

¡Te has roto, dulce cadena!
¡Ay! En la noche serena
le faltará á mi contento
el murmullo de su aliento
que arrulla y duerme mi pena.

¡Se van! Cual la golondrina
que el frio invierno adivina,
y guiando sus hijuelos
breve y fugaz, por los cielos
buscando la luz camina...

Mas luégo vuelve ligera
cruzando la azul esfera,

de amor su sér todo henchido,
á buscar el mismo nido
al volver la primavera.

. . . .

Sí; cuando de gozo henchido
oiga el canto bendecido
de vuestra voz hechicera,
será tambien primavera
para nuestro pobre nido.

Á LA MUERTE.

¿ Temes, acaso, que al sentir tu mano,
tiemble asombrado el ánimo cobarde,
y se estremezca el alma recelosa ?
Te engañas. ¡ Temor vano !
¿ Crees que te hablo en arrogante alarde,
que la mente medrosa
desmiente con terror ? ¿ Piensas acaso,
que sabiendo que Dios únicamente
puede cortar de la existencia el hilo,
me rio de tu saña ? ¿ O que sintiendo
robusto el cuerpo, el ánimo tranquilo,
desprecio tu impotencia ?

¿O que á grave dolencia
rendido, busco en tí el alivio ansiado?

    Mas... ¡ah! Tal vez sospechas
que abatido, sin fé, desesperado,
sin calor en el alma, y ya deshechas
mis ilusiones de ventura y gloria,
busca en tí el alma herida que padece
la sola realidad que el mundo ofrece.

    Te engañas: ni en mi pecho tiembla el miedo,
ni confiado en Dios te reto osado;
y si el cuerpo abatido,
por males y dolores combatido,
la dulce paz de tu retiro anhela,
el alma nó, que con distinta suerte,
busca el cuerpo reposo, el alma vida,
y reposo no más hay en la muerte.

    La frïaldad con que el sepulcro hiela
no puede codiciarla quien ansioso
busca luz y calor, lucha y victoria.

    Si el corazon medroso
teme hallar la verdad, porque al hallarla
tal vez encuentre el mal, necio sería

si en tí buscara alivios y consuelo,
pues harto sé por desventura mia,
que tú hieres la paz y la alegría
y eres sorda á la voz del hondo duelo.

.   .   .   .

.   .   .   .

   No: te busco y te temo.
Te busco, como busca el peregrino
un lecho hospitalario
donde reposa un dia
para seguir al otro su camino.
   Te busco, porque eres
el « más allá » que loca el alma ansía
cuando, al morir el dia,
miro ocultarse el sol detrás del monte,
ó cómo se confunden
el mar y el cielo allá en el horizonte.
   Te temo porque ignoro lo que ocultas,
mi mente no lo alcanza,
y temo al encontrarme entre tus brazos,
rotos por tí los mundanales lazos,
perder en ellos mi última esperanza.

Temo que con mi cuerpo dolorido
muera tambien mi idea;
temo que el alma sea un sér fingido,
que sólo polvo, como el cuerpo, sea.

RECUERDOS.

Suelto el cabello en desatados rizos,
que en caprichosas ondas
sobre tu espalda mórbida se tienden,
velando y no cubriendo sus hechizos;
entornados los ojos, que se encienden
absorbiendo el placer con sus miradas,
tus hermosas mejillas sonrosadas
por el calor intenso
de la pasion ardiente;
entreabierto el labio sonriente,
y en lánguido abandono reclinada,
altiva recordando

con la mente inflamada,

los pasados momentos de ventura,

la idea de otros mil acariciando

que guarda para tí lo venidero...

   ¡ Qué hermosa estás así ! ¡ Qué feliz eres !

¡ Cuántos tesoros guardas codiciosa !

¡ Qué ignorados placeres

promete tu mirada cariñosa !

¡ Oh ! pero... escucha y dí: ¿ya no te acuerdas

de aquella niña hermosa é inocente,

encanto de mi loca fantasía ?

¿ Acaso no recuerdas

su tibia y pura frente ?...

Toca la tuya... ¿ No es aquella ?... ¿ Abrasa,

y no es ya trasparente como aquella ?...

Mas ¿ qué importa si es bella ?

¡ Sigue escuchando, sigue !...

¿ No recuerdas sus ojos apagados,

grandes, suaves, serenos...

—No me mires...— Los tuyos, entornados,

de brillo y pasion llenos,

son más hermosos... pero ya han perdido

la tranquila mirada que lucia
en la niña inocente que amé un dia.
¿Has dado ya al olvido
aquellos labios rojos y brillantes,
frescos y húmedos siempre,
como la rosa que mojó el rocío?...
¿Por qué tocas los tuyos, amor mio?
¿Están secos? ¿Qué importa?... ¿Queman tánto...
No te aflijas por eso.
Es el calor de la pasion ardiente,
que les dá nuevo encanto...
¡Qué! ¿no recuerdas que me has dado un beso?
Mas deja que te cuente
cuánta locura me forjé de niño;
deja que haga volver á mi memoria
el delirio sin fin de aquel cariño.
Deja que te retrate
mis ensueños de gloria,
deja que su recuerdo me arrebate.

. . . .

Mira: tanto llegué á quererla un dia,
tan loco y ciego estaba,

que donde quiera que su pié ponia,

su dulce huella con afan besaba.

Absorbía el aroma de su aliento;

sueño constante de mis sueños era;

su hermosa imágen en mi sér vivia,

y al sentir su contacto,

de temor y placer me estremecia.

Y guardo en mi memoria mil cantares

que yo la oía, ó que escuché con ella;

recuerdo con anhelo los lugares

donde la ví una vez; y hasta las flores

que su mano cuidaba, me han dejado

recuerdo de su aroma y sus colores.

Todo me la recuerda: el mar, la tarde,

la luna con su luz vaga y dudosa;

la primavera tibia y perfumada;

la brisa juguetona y misteriosa;

la noche oscura, el abrasado estío;

el murmullo fugaz de la enramada;

hasta de Dios la idea poderosa,

funde con ella el pensamiento mio.

¡ Oh ! ¿ por qué ha de pasar así la vida ?

¡Cuánto, amor mio, diera,

porque aquel tiempo y mi niñez volviera!

Yo imaginaba... ¡loco desvarío!

que acaso un tiempo fuera tan dichoso

que junto á mí la viera

unida en santo lazo, y me forjaba

verla en mi hogar, partiendo mi destino,

que mi nombre sus labios bendecian,

que « hija mia » mi madre la llamaba,

, y que « madre » mis hijos la decian...

. . . .

¿Lloras? Tu corazon he destrozado...

—¡Si tú supieras lo que yo he llorado!...

¡YA NO!

Ya pasaron los dias,
ya pasaron las horas de ventura
en que al mirarme, amante sonreias
con infantil ternura.

Ya ha borrado la mano del olvido
mi nombre de tu mente,
ya no busca tu oido
el tierno halago de mi voz ardiente.

¡Ya no piensas en mí! Ya cuando al cielo
vuelves los claros ojos,
pides calma á tu duelo,
no paciencia á mi queja y mis enojos.

Ya cuando pinta el éter la mañana
con brillantes albores,
no corres presurosa á la ventana,
porque yo no la adorno con mis flores.

Ya al esquivar el celo con presteza
de importuno testigo,
no vuelves la cabeza
á ver si yo te sigo.

De otros sitios respiras el ambiente
que yo no he respirado...
Ya no temes jamás entre la gente
que pase yo á tu lado.

Los goces que soñé en mis desvaríos
puede decirme otro hombre que son suyos...
¡Tú tienes hijos ¡ay! y no son mios!...
— ¡Yo los tengo tambien, y no son tuyos!

¡IMPOSIBLE!

Niégame el sueño su apacible olvido,
y el solo pensamiento de mi mente,
el eco solo que mi oido siente,
es de tu dulce nombre eco querido.

Si al fin de la velada, ya rendido,
busco el descanso, mi cerebro ardiente
forja sueños de dicha sonriente,
y siempre va tu nombre á ellos unido.

Mas ¿cómo en él no pensaré despierto?
¿Cómo sin él soñar cuando dormito,
ávido el pecho á la ilusion abierto?

¿Cómo no recordar su eco bendito,
que hace santo mi loco desacierto,
si aquí, en mi corazon, lo llevo escrito?

Á MI BUEN AMIGO

ANDRÉS RUIGOMEZ.

———

LA GUITARRA.

¡Cuánto sueño de gloria!
¡Cuánta esperanza
despiertan en mi mente los acordes
de la guitarra!

—

La luna se esparcia
sobre la playa,
el mar, dormido, con su blando arrullo
la acariciaba,

y léjos, de la brisa.
vagando en alas,
se escuchaban los sones misteriosos
de la guitarra.

—

Yo, trémulas las manos,
trémula el alma,
llevando entre mis brazos á la hermosa
mujer amada,
iba siguiendo el ritmo
de alegre danza
que modulaban las cadencias dulces
de la guitarra.

—

Y tras de muchos años,
muchos, de amarla,
por la primera vez á sus oidos
mi voz llegaba;

mi voz, que, balbuciente
y entrecortada,
se confundia con las notas trémulas
de la guitarra.

—

Y pasaron los años
cual todo pasa,
y aquel amor inmenso que escondido
llevo en el alma,
parece que despierta
con nueva llama
cuando escucho las vagas armonías
de la guitarra.

—

Y la voz engañosa
de aquella ingrata,
y el murmullo del mar, que se dormia
sobre la playa,

y la emocion inmensa
que me agitaba,
todo me lo recuerdan los acordes
de la guitarra.

—

¡Oh! Si acaso algun dia,
ciego de rabia,
hácia el crímen ó el mal, con torpe paso
llevo mi planta,
haz tú, Señor, que escuche
para pararla
uno de esos acordes misteriosos
de la guitarra.

—

Y tú, mujer, que hoy ciega
tu virtud manchas,
tú, que fuiste adorada cual ninguna
por pura y cándida,

dime: ¿ No te sonrojas,

no sientes nada

al escuchar las vagas armonías

de la guitarra?

JUNTO Á LA CUNA.

¡Cómo duerme! ¡Chist!... ¡Silencio!
no se despierte mi niño.

—

¡Qué hermoso está! Se sonríe
con un gesto tan tranquilo...
Revueltos sobre la frente
de su cabello los rizos,
descubierta la garganta,
cuyo cútis cristalino
dibujan de azul las venas

y hacen mover los latidos,
su blanca manita oculta
por el redondo carrillo...
todo en él es inocencia,
parece un ángel bendito.
Ganas me dan de besarle...
Si estuviera bien dormido...
¿Despertará?... Por un beso...
¡Qué placer! ¡Dulce amor mio!
¡Ay! ¡se mueve!... ¡Chist!... ¡Silencio!
no se despierte mi niño.

—

Ya se sosegó, ya vuelve
á sus labios bendecidos
la sonrisa; ya respira
como hace poco, tranquilo.
¡Ay! no respiraba así
cuando estuvo tan malito.
¡Qué pálido estaba entónces!
Flaco, los ojos hundidos,

¡y una mirada tan triste!

Aun me dan escalofrios

de pensar en aquel tiempo.

¡Oh! ¡Cuánto sufrí, Dios mio!

Luégo, aquel llanto tan débil

que parecia un gemido...

Si volviera á estar así...

Si se muriera... ¿Qué he dicho!

¡Hijo de mi corazon!

. . . .

No te enfades, hijo mio.

Es claro, ¡le beso tanto!

¡Y él, que estaba tan tranquilo!

¡Ya reposa!... ¡Chist!... ¡Silencio!

no se despierte mi niño.

—

¡Bah! voy á dejarle solo

para que duerma... ¡Angel mio!

¿Se queja?... Sí... Nó; es que sueña.

¡Ay qué gesto tan bonito!

Mas ¿qué es eso? ¿Se despierta?

Nó; pero ¿qué es ese ruido?

Agita sus labios rojos...

¿Será verdad lo que he oido?...

Otra vez... ¡Ah! sí; mamá,

mamá, no hay duda, eso ha dicho.

¡Me llama!... ¡Bendito seas!

¡Una y cien veces bendito!

. . . .

Mas ¡ay, Dios! va á despertarse...

¡Que he de hacer siempre lo mismo!

Vaya; no guardeis silencio:

ya se ha despertado el niño.

EN EL ÁLBUM DE MERCEDES.

¿ESTAMOS CONFORMES?

Cuentan profundos doctores
que hubo otros tiempos mejores
—yo no sé cuándo sería—
en que el hombre en paz vivia
sin penas y sin dolores.

Yo, Mercedes, imagino
que esto es cuento y nada más,
pues del mundo en el camino,
de ese tiempo peregrino
ninguna huella verás.

Mas, cuando me lo dijeron,
pensando en los que vivieron
aquella edad de ventura,
exclamé con amargura: `
« ¡ Qué desventurados fueron ! »

¿Te ries? La risa ten,
hasta que oigas los informes
que mis ideas te den;
verás, si lo piensas bien,
que al cabo estamos conformes.

—

Primavera es la ventura,
triste invierno es el dolor
sin brisas y sin ventura;
pero en medio de ese horror,
tiene tambien su hermosura.

Que si aquella tiene flores
y calor, vida y amores ·

y crepúsculos serenos
de santo misterio llenos
y aromas, luz y colores,

 éste, con distinta suerte,
tiene el hielo caprichoso,
el silencio de lo inerte,
el misterio del reposo,
la majestad de la muerte.

 Pero si el sol su semblante,
rasgando la niebla oscura,
muestra en el cenit radiante,
su luz parece más pura,
su calor más penetrante.

 Así, cuando el alma ahogada,
en sí misma retirada,
gime, presa del dolor,
la dicha ménos ansiada
parece mucho mayor.

¡ Dolor ! Palma bendecida,
del martirio prenda cierta,
sola verdad conocida,
sin tí el alma no despierta
y es imposible la vida.

Sin tí no hay inspiracion,
y agostado el corazon
en nada descubre encanto;
sin tí no existiera el llanto,
bálsamo de la afliccion.

El placer de más valía,
al llegar á poseerlo,
cual humo se desharía:
porque ¿ qué valor tendria
sin el temor de perderlo?

Sólo por mi desconsuelo
vuelvo los ojos al cielo;
sólo del dolor en pós,

el alma eleva su vuelo
hasta la idea de Dios.

El que le maldice, yerra;
fuera insensato matarlo;
en su desconsuelo encierra
el mayor bien de la tierra,
que es el poder consolarlo.

Y cuando acaba el amor
y la mente envejecida
pierde frescura y calor,
¿qué fin tendria la vida
si no quedara el dolor?

—

Tú, Mercedes, que has sufrido
y has llorado y has sentido,
despues de oir mis informes,
piensa en lo que me has oido
y dime: ¿estamos conformes?

Á MI ANTIGUO AMIGO

ADOLFO MALATS.

LA CONCIENCIA.

PROBLEMA.

I.

Juana, pobre mujer envilecida,
que arrastrando su espíritu en el cieno,
pasó la triste vida
vendiendo por amor letal veneno;
cabeza hermosa, donde de seguro
no brotó nunca pensamiento puro,
y que ignorando el bien que poseia,
vendia, por un poco de dinero,
en público mercado,
el placer más inmundo, si es vendido,

el mayor y más dulce, si es ganado;
próxima al duro instante
de la triste agonía,
á un padre confesor agonizante
con anhelosa voz así decia:
— «Padre: yo de mis culpas me arrepiento
»y pido á Dios perdon de mi impureza;
»miradme bien al rostro, que no miento.»
Y levantando la cabeza en tanto,
fijaba sobre el fraile macilento
una mirada de ansiedad y espanto;
y al ver que nada el fraile le decia,
con ansiedad creciente proseguia:
— «Él sabe bien, y me lo tendrá en cuenta,
»que del vicio en la senda siempre impura,
»áun cuando de placeres avarienta,
»tan sólo me ha tocado la amargura.
»¿Qué es el mayor tormento, comparado
»al pesaroso hastío del pecado?»
Y vertiendo de lágrimas un rio,
seguia con acento sofocado:
— «¡Ay! ¡He sufrido tánto, padre mio!»

Alzándose convulsa, en vano abria
sus ojos, ya sin brillo,
y olvidándolo todo, descubria
el pecho descarnado y amarillo
que hinchaba el estertor de la agonía.
—«Acaso Dios me señaló en la cuna
(siguió con voz oscura y misteriosa)
»la senda de mi vida vergonzosa;
»me negó la virtud y la fortuna,
»y en cambio me hizo hermosa.
»Tal vez de mi impureza el desvarío
»habrá sido castigo de otros séres...
»Más de una vez, detrás de su desvío,
»noté... ¿podreis creerlo, padre mio?
»¡Noté que me envidiaban las mujeres!...
»Quizás mis muchos yerros han servido
»á Dios, para mostrarles de otra suerte
»lo espantoso del vicio en que he caido;
»y mis faltas quizás ha permitido
»para dar el ejemplo de mi muerte.»
    Y así diciendo, la infeliz gemia
entre la duda y la esperanza ansiosa

al ver que nada el fraile le decia;
y en aquella mujer, un tiempo hermosa,
con su horrible piedad, desvanecía
de la muerte la calma silenciosa
la horrible agitacion de la agonía.

II.

En tanto que así Juana se acababa,
cerca de allí, sobre otro pobre lecho
de aquel santo hospital, que cobijaba
la pobreza y el mal bajo su techo,
tambien un hombre viejo agonizaba,
y en una cruz muy tosca, de madera,
como si algun secreto le dijera,
los turbios ojos con afan fijaba.

Aquel santo varon, de alma tan pura
como la blanca nieve de sus canas,
que al cabo de una vida de amargura,
consumida en virtudes sobrehumanas,
iba á llevar de Dios á la presencia

cual la de un niño pura su conciencia,
piensa profundamente
que es esa dicha demasiado grande
para poder lograrla fácilmente;
y áun cuando su alma cándida le abona,
y aunque la llama de la fé le escuda,
siente que la esperanza le abandona
nublada por las sombras de la duda.

Y por eso, fijando su mirada
en aquella cruz tosca de madera
enfrente de él en la pared colgada,
mientras la muerte su semblante altera
así piensa en su mente, casi helada:
—«Yo no hice á nadie mal; nunca en mi vida
»en mí venció al deber pasion alguna,
»y al bien y á la virtud con ánsia ardiente
»mis fuerzas consagré desde la cuna.
»La oracion y el ayuno, rudamente
»á la carne rebelde han amansado,
»y ha sido de mi vida en el pasado
»mi orgullo la humildad, mi lecho el suelo,
»mi amor el bien y mi ambicion el cielo.

»Mas por cuidar del alma, he descuidado

»el cuerpo á mi custodia confiado,

»y devuelvo á la tierra sus despojos,

» por rudas penitencias macerado,

» blandas las carnes y los nervios flojos.

» Yo, del caudal de fuerzas en mí unidas

» para crecer al riego del trabajo,

» sin pensar que mi vida era cien vidas,

» que nada creó Dios que inútil sea,

» enamorado loco de una idea

» he dejado los gérmenes secarse

» sin cumplir su mision, comun á todo,

» de crecer, dar el fruto, y trasformarse...

» Justo será el castigo, aunque severo...

» ¡ Tu mandato, Señor, olvidé impío !

» ¡ En vano de mi afan el logro espero !

» Culpable soy... ¡ Perdon ! ¡ Perdon, Dios mio ! »

　　Y al elevar sus ojos á la altura,

una lágrima, mundo de amargura,

cae de sus ojos á sus labios yertos;

suspira, un nombre y un adios murmura,

y queda con los ojos entreabiertos.

III.

¡Qué cosa tan extraña es la conciencia !
Juana, la mujer loca
que, con dura y tenaz impenitencia,
vivió de la impureza en los horrores,
sus inmundos errores
como descargo de su culpa invoca...
¡ Y al mismo tiempo, el justo
que consagró á su Dios el pensamiento,
con alma temerosa y juicio adusto
hace de la virtud remordimiento !

AMOR Y RESPETO.

Te ví niña: tus labios sonreian
   con infantil placer,
tu blanca frente, inmaculada y pura,
   sonreia tambien;
en tus ojos brillaba la inocencia
   santa de la niñez,
y te seguí tenaz con la mirada,
   tu mirada busqué,
porque el rostro de un ángel de los cielos
   en tí creia ver.

—

Te ví mujer: tus ojos entornados
   con dulce languidez,

en su cristal ardiente, retrataban
  tus sueños de placer;
cien ofrendas de amor los hombres todos
  postraban á tus piés,
y te seguí tenaz con la mirada,
  tu mirada busqué,
y largos dias en delirio ardiente
  tu imágen recordé.

—

Te ví madre: tus pálidas mejillas,
  sonrosadas ayer,
en ignoradas horas de amargura
  marchitó el padecer;
acaso sus colores te robaba
  quien te debia el sér,
acaso el ciego amor te consumia
  que tú pusiste en él.
Yo te amaba, y al verte, silencioso
  de nuevo te adoré,
y, temiendo que el paso detuvieras...
  humilde me aparté.

A UN AMBICIOSO.

No te envidio el poder ni la grandeza,
ni el nombre que á grabar vas en la historia,
ni el ardiente placer de la victoria,
ni el laurel con que ciñes tu cabeza;
   no te envidio el placer, ni la riqueza,
ni las horas de triunfos y de gloria,
que eternas deben ser en tu memoria
si han de aliviar tus horas de tristeza.
   Ciega se ceba en mí la desventura,
soy pobre, y sólo espero ya en la muerte,
mas arrostro sereno la amargura;
   pues contra ella una cosa me hace fuerte
que vale más que toda tu ventura:
un alma resignada con su suerte.

AL PRÍNCIPE DE NUESTROS CRÍTICOS,

Á MI RESPETABLE AMIGO

EL SEÑOR DON MANUEL CAÑETE.

MEDITACION.

Hundo en el polvo la soberbia frente
que, cual reto orgulloso,
erguida un dia, levanté á la altura;
pára asombrado el corazon valiente
su latido anheloso,
y la vista que ayer al sol miraba,
hoy se clava en la tierra
temerosa y sombría.
¿Y qué poder me aterra?
¿Qué causa hubo tan fuerte que ha vencido
el salvaje valor del alma mia?

Una idea no más; una palabra
que el viento ha hecho llegar hasta mi oido
ignorando el pesar que me produce.
¡Dios! ¡Idea infinita,
imposible verdad, tonante dueño
de cuanto en el vacío
cruza, bulle y se agita
arrastrado en contínuo movimiento!
¡Dios! ¡La fuerza que crea
cuanto concibe el hondo pensamiento;
la mano que aniquila indiferente
para crear de nuevo... ¡Oscura idea!

—

Yo creia en un Dios cuando era niño;
con santa uncion su nombre pronunciaba
durmiéndome con él entre los labios;
Él era quien me daba
tranquilo sueño y plácidas visiones,
Él tambien quien mis cortas soledades
guardaba de terror y apariciones.

Padre amante, curaba cuidadoso
los males que en mi seno se escondian,
y guardaba piadoso
la vida de mis padres,
que conmigo su nombre bendecian.

—

Despues, con mis ideas trasformado,
tambien en él creí. Yo le veia
entre las vagas nubes que colora
el sol que presta su matiz dorado
á la primer sonrisa de la aurora;
la armonía solemne,
grave, dulce y pausada,
que encanta los sentidos
en la tarde serena
de luz, de aromas y de cantos llena,
era su voz; el rayo su mirada;
el ronco trueno, el ruido de su carro
que cruzaba el Empíreo;
su suspiro la brisa;

su espejo el ancho mar; su manto el cielo,
y el sol esplendoroso su sonrisa.

—

Y en una y otra edad le comprendia,
sentia su presencia en el ambiente
que el pecho respiraba...
¡ Ah ! tambien hoy le siente
mi sér al agitarse entre la duda,
pero en las sombras del temor se escuda
y en vano busco su mirada ardiente;
porque mi entendimiento limitado
recorre con afan de una á otra idea
el campo estrecho que le dió el destino,
y nunca llega al límite anhelado
sin caer en grosero desatino.
¡ Vano afan ! Pensamiento equivocado.
¿ Cómo medir con la ligera copa
que el labio apura en solo un movimiento
la inmensidad del mar?... ¡ Y solicito
medir con el pigmeo pensamiento
la idea sin igual del infinito!...

A MI HIJA MARÍA.

LA PLEGARIA POR TODOS.

(Traduccion de Víctor Hugo.)

FRAGMENTO.

Ora pro nobis.

Vé á rezar, hija mia. Mira: la noche llega,
un planeta dorado allá su luz desplega,
la bruma de los valles se extiende por doquier;
apenas por la sombra cruza algun peregrino,
todo busca reposo; del árbol del camino
el viento de la tarde hace el polvo caer.

El crepúsculo, abriendo la noche por Oriente,
hace brillar los astros con claridad creciente,
descolora el ocaso su franja de carmin;

8

sobre el agua, el reflejo de los astros se mece,
surcos, senderos, bosques, todo se desvanece,
el pasajero inquieto duda por dónde ir.

El dia es para el dolo, el mal y la fatiga.
Recemos. Vé la noche. ¡ La noche, dulce amiga!
De la torre en las grietas el viento gemidor,
las aguas, los rebaños con su voz agitada,
todo sufre y se queja; la natura cansada
necesita reposo, rezo, silencio, amor.

Es la hora en que los niños hablan con otros séres,
y mientras que corremos tras extraños placeres,
ellos murmuran todos una plegaria igual;
y con las manos juntas, de rodillas postrados,
piden, hácia los cielos los brazos levantados,
gracia para nosotros al Padre Universal.

Y dormirán á poco; entónces, en la sombra,
sueños de oro, en alegre tropel que el alma asombra,
que nacen con los ruidos del dia al espirar,
de léjos atraidos por sus labios de grana,

cual vuelan las abejas sobre la flor lozana,
de su lecho en los pliegues se vendrán á posar.

¡Oh sueño de la cuna! ¡Plegaria de la infancia!
¡Voz que siempre acaricia del mal en la ignorancia,
religion que se esparce y sonrie al surgir,
preludio del concierto que en la noche se exhala!...
Como el pájaro esconde su pico bajo el ala,
en la oracion el niño mece su alma al dormir.

II.

¡Vé á rezar, hija mia! Primero por aquella
que meció tantas veces tu cuna blanca y bella,
por la que, tú en el cielo, fué á buscarte hasta él;
y te puso en el mundo, y madre cariñosa,
por tí haciendo dos partes de la vida azarosa,
tomó siempre el acíbar y te dejó la miel.

Ruega por mí en seguida. A mí me hace más falta.
Ella, como tú, áun lleva la frente pura y alta,

tiene el alma serena y el corazon sin hiel;
piadosa para todos, ignora qué es la envidia
y sufre resignada el mal y la perfidia
sin pensar en quien lo hace y sin quejarse de él.

Cogiendo sólo flores, nunca su mano hermosa
ha tocado del vicio la copa contagiosa,
ningun lazo la arranca al amor y al hogar;
en su clemencia olvida pasados extravíos...
ignora qué son esos pensamientos impíos
que pasan por el alma cual sombras por el mar.

Ella ignora—que siempre lo ignores, hija mia,—
las miserias del mundo con que el alma se enfria:
placeres, vanidades, vergonzoso dolor,
pasiones, locos sueños de mentida ventura,
recuerdos misteriosos de tédio y de amargura
que hacen subir al rostro la llama del rubor.

Yo sé más de la vida, y yo podré decirte,
cuando crezcas, y tenga, por tu mal, que instruirte,
que perseguir el arte, la gloria y el poder

son locura y mentira; que al tocar la victoria
se encuentra la vergüenza en lugar de la gloria,
y que el hombre en la lucha suele el alma perder.

Viviendo, el alma duda, y aunque en todo se siente
el fin supremo claro, visible y trasparente,
se envejece del vicio en negra esclavitud;
el hombre olvida el gérmen de su orígen divino,
que á todos roban algo las zarzas del camino,
su vellon á la oveja y al hombre su virtud.

Vé, pues, y por mí reza; y reza solamente
diciendo á Dios: «¡Tú eres nuestro Padre clemente!
¡Piedad! ¡Tú eres el bueno! ¡Tú eres el inmortal!»
Deja ir la palabra donde el alma la envía.
No te inquietes por ella, todo sigue su vía;
no pienses el camino que ella puede tomar.

Todo tiene aquí bajo marcado el derrotero:
el rio, hasta el mar hondo sigue el curso ligero,
la abeja laboriosa va de la flor en pos;
que tiene su destino todo vuelo que zumba:

el águila á los cielos, el vampiro á la tumba,
la golondrina al nido y la oracion á Dios.

Cuando por mí hasta el cielo su voz vuela ligera,
soy como el pobre esclavo sentado en la ladera,
que al borde del camino deja el fardo cruel.
Me siento descansado, que la carga espantosa
de penas y de errores que agobia mi alma ansiosa,
tu rezo bendecido hace volar con él.

Vé á rogar por tu padre. Pide á Dios me conceda
sueño tranquilo y dulce con que reposar pueda,
que la fé torne viva mi espíritu á inflamar.
Borra todas mis culpas con tu aliento inocente,
y que á su beso quede mi corazon doliente
puro como la piedra del ara del altar.

AL INSIGNE AUNQUE POCO CONOCIDO POETA

DON JOSÉ ANTONIO PAZ.

ÚLTIMO ASILO.

Dime, negra tristeza,
¿no me quieres dejar? ¡Qué desvarío!
¿Cómo apartarte intento
del pensamiento mio,
si contigo nació mi pensamiento?

.   .   .   .

¡Oh! ¡Qué amarga es la vida!
¡Luchar! Siempre luchar, y nunca llega
el dia embriagador de la victoria.
Lucha desconocida,

lucha de muerte, desigual y ciega
en que el pobre habitante de este suelo,
héroe predestinado á la derrota,
cuando su fuerza en el combate agota,
pide favor al cielo contra el cielo.
¡Vida! ¡Horrible quimera!
¡Placer! ¿Dónde encontrarle,
si en medio del placer no se le espera?
El descanso es ansiado
tan sólo cuando el cuerpo está cansado;
agua ansía el sediento;
tener hambre es forzoso,
para que sea ansiado el alimento;
sentirse débil para ansiar la ayuda;
ciego para anhelar el sol hermoso...
y para tener fé, sentir la duda.
¡Placer!.. Mentido ensueño,
rayo que presta luz sólo un instante
y deja en pos de sí terrible huella;
que con tenaz empeño,
sigue al amor el pesaroso hastío,
la sórdida avaricia á la riqueza,

á la amistad el desengaño frio,
la ambicion al poder, y la tristeza
á la expansiva risa del contento.
Mas nó; mi pensamiento
juzga por el presente
y se deja llevar de la amargura...
Recordaré el pasado, que en mi mente
dejó tántos recuerdos de ventura.

—

Niñez, amor, ensueños encantados,
que murieron cual flores con el dia,
vanos fantasmas de placer mentido,
dejando sus recuerdos amargados
por el dolor de haberlos ya perdido.
Y la razon, en tanto, aprisionada,
luchando con la fiebre abrasadora
de la ardiente ilusion, pugnaba en vano
por disipar la nube embriagadora,
cuya letal atmósfera aspiraba
mi pulmon impaciente,

y en él toda mi sangre envenenaba
adormeciendo al corazon valiente...

. . . .

¿Dónde hallar la verdad?... Tal vez oculta
la tiene el porvenir... ¿Y qué me ofrece?
¡Confusa mezcla de placer y espanto,
que al sondear el alma se estremece!
Promesa y amenaza,
placer que oculta el llanto,
duda cruel, que el alma despedaza.

. . . .

Sentir el frágil cuerpo deshacerse
al peso de la edad agobiadora,
y caminar con paso vacilante,
místios los ojos y el cabello cano;
y, buscando un apoyo, á cada instante
¡triste tender la temblorosa mano!
Y cuando destruido y fatigoso
el cuerpo vuelva hácia la madre tierra,
ávido de reposo,
¿qué quedará de mí? ¿Tras de la tumba,
no habrá ya nada más? ¡Oh! sí: tras ella

está la eternidad, dulce consuelo,

que al grito del dolor mis labios sella.

¡Oh muerte! ¡Cuánto tardas! Yo te anhelo,

y te espero temblando de alegría.

No más dolor, más quejas ni más duelo.

¿Quién como yo? ¡La eternidad es mia!

Á MI QUERIDÍSIMO AMIGO

EL FÁCIL É INGENIOSO AUTOR CÓMICO

DON MIGUEL RAMOS CARRION.

OTOÑO.

Horas de duda, aborrecidas horas,
apartaos de mí, que ya no os temo
sino en recuerdo, como á mal pasado.
Fiebres abrasadoras
que tántas, tántas veces me han postrado,
en vano el eco mi memoria hiere,
del angustioso grito
que hacíais resonar dentro del pecho
despedazando el corazon marchito.

«Ha muerto tu poder, pobre demente;
»ya no podrás crear; tu alma gastada
»sólo el instinto ó la avaricia siente:
»no te conmueve nada;
»ni la sonrisa de la vírgen bella,
»ni del amor la asoladora llama,
»ni el mar, ni el cielo, ni la fé, ni el mundo,
»nada deja en tí huella,
»y duermes con el sueño más profundo.»

Así hacías llegar hasta mi oido
la voz del desaliento envenenado;
eco perpétuo en la conciencia mia;
y yo triste, temblando, dolorido,
escuchaba ese grito desgarrado,
que el alma en mil pedazos me partia.
   Yo recordaba el tiempo venturoso
en que todo en mi sér hallaba un eco,
que avaro el corazon guardaba ansioso.
Y al mirarlo ya léjos, engañado,
la vida de mi mente desechaba,

y recostando la arrugada frente
en mi mano convulsa, que abrasaba,
maldecia el presente
y, cobarde, lloraba...

¡Como si el árbol que de hermosas flores
la Primavera plácida engalana,
las conservára en el ardiente Estío!
El sol marchita y borra sus colores
dando al tiempo tributo,
y tras la flor galana
hincha su piel el sazonado fruto.

Pasó la juventud, y, al tiempo que ella,
sus puras emociones,
flores que ya perdieron su perfume;
santas é inexplicables emociones
que, como la tristeza
que mi vida consume,
ni explicar puede el labio su grandeza,
ni comprender su encanto el pensamiento.

Pasó la juventud; llegó el momento
en que el suspiro ardiente
del jóven entusiasta,
eterna aspiracion á un imposible,
se trueque en viril canto
en que lo hermoso de la forma sea,
no la belleza plástica insensible:
cuerpo que encierre el alma de una idea!

Y es porque cada edad tiene marcada
una mision distinta y la huye en vano:
el jóven sueña, el hombre fuerte piensa,
y recuerda el anciano.
Verdad que en la mitad de nuestra vida
la ilusion vagarosa ya se aleja
entre las sombras del ayer perdida;
verdad que ya mi mente no refleja
la plácida frescura
de los años felices; mas ¿acaso,
al ocultarse el astro luminoso
de mi pasada juventud cercana
en el sombrío ocaso

donde áun despide claridad liviana,
murió el fuego sagrado,
la actividad eterna y sobrehumana
que Dios me dió al nacer? ¿No hay en la tierra
nada capaz de enaltecer mi canto?

La patria amada, la nefanda guerra,
la dulce libertad, la ciencia ignota,
de Dios el pensamiento sacrosanto,
del despotismo inícuo la derrota,
la virtud, el valor, la santa idea
de ley y de justicia,
el arte, hijo de Dios, ¿son ménos grandes
que los sueños que el jóven acaricia?

Horas de duda, aborrecidas horas,
apartaos de mí, que ya no os temo
sino en recuerdo, como á mal pasado.
Ya sé que el árbol que de hermosas flores
la Primavera plácida engalana,
no las conserva en el ardiente Estío;

que el sol marchita y borra sus colores,

dando al tiempo tributo,

`y, tras la flor lozana,

germina y crece el sazonado fruto.

¡MÁS!

Señor, yo que de bienes en la cuna
pude largos tesoros merecerte,
tal vez para que así fuera más fuerte
el golpe de perder tanta fortuna;

   no te pido, con súplica importuna,
ni paz del alma, ni tranquila muerte,
ni que el rigor endulces de mi suerte,
ni de este pobre mundo dicha alguna.

   Sólo te pido, ahogando mis lamentos,
por la misma crueldad con que condenas
un débil sér á bárbaros tormentos,

   que en mí arrojes dolor á manos llenas,
porque nunca me falten pensamientos
para cantar tus obras y mis penas.

EN EL ABANICO

DE

MI HIJA MARÍA.

Hija, ¿qué te diria
que fuera de mi amor vivo traslado?...
Dos palabras no más; oye: ¡hija mia!
—¿Es poco?... Al escribirlas he llorado.

Á MI MADRE.

¡Madre! ¡Cuán dulce entre mis labios suenas,
oh nombre idolatrado !
¡ Cuántos recuerdos en mi mente agitas !
Torcedor y consuelo de mis penas,
de santa idolatría enajenado,
he querido mil veces escribirte,
y mil veces las letras he borrado.
    Porque es tal el respeto y el cariño,
la adoracion inmensa que en mí siento,
que, aunque el cielo me dió el dolor por vida
y sé lo que es sufrir desde muy niño,
volveria contento

á empezar esta lucha maldecida,
si, al ligarme á la tierra nuevos lazos,
me arrullara tu acento
al dormirme tranquilo entre tus brazos.

—

Todos aman la gloria;
unos por necio orgullo, otros soñando,
en la mujer que adoran con locura;
yo nó: si la victoria
llego á alcanzar un dia de ventura,
por tí será, que para tí la quiero.
¿Quién como tú podria merecerla?
¿Acaso no he bebido
en tu seno purísimo la esencia
de fé, de amor, de bien y sentimiento
que nutre mi existencia
y eleva con su savia el pensamiento?
¿Acaso no me han dado
dolor bastante que mi canto inspire,
tus lágrimas benditas?

—¡Cuántas por culpa mia has derramado!...
¡Ah! Dios las tendrá escritas...

—

¡Madre! ¡Quiero estampar aquí tu nombre,
una, y otra, y cien veces, madre mia!
Cuando niño, encantada en tu cariño,
tú me enseñaste á pronunciarle; hoy, hombre,
el hombre adora lo que hablaba el niño.
    El hombre graba en su angustiada mente
con santos signos la mejor palabra,
y canta en tus recuerdos inspirado,
volviendo tristemente
sobre el tiempo dichoso y ya pasado,
en que tu amor tan sólo, su amor era;
amor dulce, sereno, inmaculado
como el rayo del sol en primavera.
Y canta y llora ; sí, madre querida,
lloro entregado á sin igual tristeza,
que el cuerpo y el espíritu, abatidos,
no pueden desechar; que con la vida
no ha de acabar aunque con ella empieza;

pues una voz callada y misteriosa
resuena en mis oidos,
y me dice que el alma no reposa.
¡Lloro, insensato, y creo
que este llanto terrible y encendido,
mísero y solo bien que ya poseo,
puede pagar el que por mí has vertido!
Así piensa el avaro
poder pagar con un puñado de oro
la dicha de este mundo:
avaro soy y el llanto es mi tesoro.
En él mi dicha fundo,
que cuando con el alma acongojada,
pobre, impotente, sin amor ni gloria,
busco ansioso la nada,
para ahogar mi memoria,
que altivos sueños del ayer me acuerda
y el terrible presente me recuerda,
nada puede calmar esta agonía
como el amargo llanto
donde encuentra mi sér vida y encanto.

Madre, sobre mi edad pasará el tiempo,
vendrán en pos un dia y otro dia,
y á calmar mi dolor vendrá la muerte;
y, acaso, madre mia,
cuando pesada y fria
caiga la tierra sobre el cuerpo inerte,
ni un sér querido por mi vida llore,
ni una oracion por mí, perdon implore.
Acaso ¡ay Dios! profanen mi memoria
al ver que no les dejo por herencia
más que mis sueños de mentida gloria
y el terrible luchar de la existencia...
¡Oh! tú que crees y que en Dios confias,
tú que sabes rezar, madre adorada,
dime, por Dios, una oracion; aprenda
yo de tus labios, como en otros dias,
una plegaria que la fé apagada
haga en mí renacer... Pero es en vano.
Ya torna al pecho la perdida calma.
¡Tambien yo sé rezar... ¿Sabes qué rezo?
¡Tu nombre nada más, madre del alma!

AL DISTÍNGUIDO CRÍTICO

MI MUY QUERIDO AMIGO

DON EDUARDO DE CORTÁZAR.

MÚSICA CELESTIAL.

Me han contado de un hombre que vivía
contento únicamente cuando oía,
ya fuese á una voz sola, ó más, ó un coro,
ó instrumento sonoro,
cualquiera melodía;
daba por una nota el mundo entero...
Y perdió la aficion desde aquel dia
en que oyó á una mujer decir: «Te quiero».

AL EXCMO. SEÑOR

DON FRANCISCO BARCA.

¿ES VERDAD?

Yo sé, sólo de oidas,
que hay un monton de libros y de escuelas,
cuanto más semejantes más reñidas,
en que hombres que respeta todo el mundo,
de claras luces y saber profundo,
uno en forma, otro en sér, otro en esencia,
todos de Dios discuten la existencia.
    No me lo sé explicar, aunque lo creo.
    ¡Que de Dios pueda un hombre haber dudado!

Yo, si me siento triste ó angustiado,
corro al balcon en alas del deseo,
miro al cielo estrellado...
y, no sé cómo es, pero le veo.

AL ILUSTRE AUTOR

DE LAS

DOLORAS Y LOS PEQUEÑOS POEMAS

AL EMINENTE POETA

DON RAMON DE CAMPOAMOR.

¡COSSÍ FAN TUTTI!

Él era un infeliz. Aun conservaba
todos los sueños de la edad primera...
hasta fé en el amor; y así, la amaba
como un demente: con el alma entera.
Ella, docta en las luchas de la vida
— cosas que sólo una mujer entiende
cuando del vicio á los horrores llega, —

sabía que halla paga más subida
una prudente infamia que se vende,
que una loca inocencia que se entrega.

Pero él, — que no creyó ni por asomo
que, oculto bajo un rostro de ángel puro,
hubiera un sér de cieno, —
cuando en su amor vivia más seguro,
la halló con no sé quién, yo no sé cómo,
y haciendo no sé qué, que no era bueno.

Y cuentan, — yo no sé si será cierto, —
que, herido por el duro desengaño,
le vieron discurrir hosco y huraño
buscando siempre el sitio más desierto,
y siempre solo, un año y otro año;
y hasta dicen que ha muerto.

—

Me es infiel la memoria
y no puedo decir precisamente
quién me contó la historia.
Sólo recuerdo — y con dolor lo digo
pues sé que era un amigo, —

que el que la referia,

— que puedo asegurar era hombre honrado,

ó al ménos todo el mundo lo decia,— .

comentando el dolor del engañado,

me le mostró en la calle, y se reia.

AYER, HOY Y MAÑANA.

A MI ESPOSA.

Ayer, con amor creciente,
amor que sólo se siente
de la vida en los albores,
se unió con lazo de flores
tu alma pura á mi alma ardiente.

—

Hoy, con más tranquilo amor,
dando treguas al dolor,
unidos en tu regazo,
nuestros hijos son el lazo
que al cariño dá vigor...

Que mañana, yo lo anhelo,
busquen tambien de esta guerra
juntos reposo y consuelo
nuestros cuerpos en la tierra,
nuestras almas en el cielo.

FIN.

INDICE.

10

IMPRENTA DE T. FORTANET.

CPSIA information can be obtained
at www.ICGtesting.com
Printed in the USA
BVHW081757201118
533619BV00009B/893/P